阿登纳传

1876—1967

KONRAD
ADENAUER

杨寿国—著

上海人民出版社

致　谢

在本书写成之际，我谨借此机会，向所有列入前面各页参考文献中有关著述和文章的作者深致谢意。我特别感谢克劳斯·戈托博士(Dr. Klaus Gotto)先生和安内利泽·波平加博士(Dr. Anneliese Poppinga)女士；他们给了我许多富有教益的启示。我还要感谢惠予我诸多帮助的基督教民主政治文献馆的格斯塔·蒂默博士(Dr. Gösta Thiemer)先生、卢茨·施特罗佩(Lutz Stroppe)先生和该馆领导赠送给本书的许多照片，感谢勒恩多夫联邦总理阿登纳纪念馆寄赠的照片、该馆恩格尔贝特·霍梅尔(Engelbert Hommel)先生以及热情地为我提供方便的以希尔德加德·克伦格尔(Hildegard Krengel)为首的圣奥古斯廷图书馆的诸位女士。此外，承我的同行孙秀民和窦晖两位副教授为本书看过初稿，提出了宝贵意见，我也在此一并鸣谢。

1987 年 1 月 5 日

于联邦德国圣奥古斯廷

目 录

前　言

1986年1月5日，适逢德意志联邦共和国缔造者、已故前联邦总理和基督教民主联盟(Christlich-Demokratische Union-CDU)联邦主席康拉德·阿登纳博士诞辰110周年。这一天，我荣幸地接到邀请，怀着尊敬的心情，参加了在莱茵河畔勒恩多夫(Rhöndorf)联邦总理阿登纳纪念馆(Bundeskanzler-Adenauer-Haus)举行的纪念活动。

上午十时，克劳斯·戈托博士(Dr. Klaus Gotto)开车来接我一同前往。戈托博士才40岁出头，已从事阿登纳总理的对内对外政策研究多年，发表了一系列有影响的专著和论文。他曾经是波恩现代史委员会(Kommission für Zeitgeschichte e.V.，Bonn)业务负责人，现在阿登纳基金会(Konrad-Adenauer-Stiftung e.V.)总部任基督教民主政治文献馆(Archiv für Christlich-Demokratische Politik)馆长。

汽车从圣奥古斯廷(Sankt Augustin)出发后不久，折上科隆—波恩(Köln-Bonn)机场至巴特洪内夫(Bad Honnef)的高速公路，由北向南疾驰。这里位于莱茵河谷丘陵，地势起伏，公路路面时高时低，有的地方出现用钢筋水泥修筑的极富艺术美感的长段旱桥。这是因为有多条公路并行，重叠的地方需要采用“立交”解决，由此就形成一段段“明衢暗道”。汽车时而穿过一边依山、一边开着天窗并配以灯光照明的隧道，景象颇为壮观。

这个地方我是初到，但并没有陌生的感觉。还在10多年前，在国内参加翻译四卷集《阿登纳回忆录》(*Erinnerungen 1945—1963*)和安内利泽·波平加(Anneliese Poppinga)女士的《回忆阿登纳》(*Meine Erinnerungen an Konrad Adenauer*)时，书中有关这一带的描述，周围附近的地理情况，都已深深印入我的脑海。汽车此时在莱茵河东岸行驶，右侧几百米外，就是这条被德国人亲切地称之为“父莱茵”(Vater Rhein)的大河。前方不远处，河边的下多伦多夫(Niederdollendorf)有渡口，阿登纳总理生前经常从这里渡过莱茵河，去当时联邦总理府所在地“绍姆堡宫”(Palais Schaumburg)办公。河对岸北端是波恩老市区，商贾云集，波恩大学和“贝多芬纪念馆”(Beethovenhaus)在焉。老市区向南，是以高29层耸立在河滨的“联邦大厦”(Bundeshaus)为突出标志的政府区，这里集中了联邦议院、联邦总统府、联邦总理府、政府各部以及各政党中央机关。再南边是20世纪70年代初才划入波恩市区的古老秀丽的小城巴特戈德斯贝格(Bad Godesberg)，现为使馆区，驻联邦德国的外国使馆多数设在这里。

行车方向左侧是连绵起伏但并不很高的“七山”(Siebengebirge)。仰望七山中段山头，可见一幢浅灰色大建筑，那是“彼得斯贝格”(Petersberg)大饭店，联邦共和国建国初期西方三国驻德国“高级专员委员会”(Alliierte Hohe Kommission)的办公所在。阿登纳总理当年经常登上七山，到彼得斯贝格同三国高级专员开会或举行谈判，在那里度过了多少个辛苦的通宵不眠之夜。前方稍远处，靠近七山之末，山巅上突出大半截古堡，那儿是波恩市郊胜景之一的“龙岩”(Drachenfels)，远望颇似我国河北省承德市名胜磬槌山。不过古堡不像“磬槌”那样笔直倒插，而是稍带倾斜，但由于临江兀立，树木满山，所以愈加予人以旖旎多姿的感觉。龙岩山麓就是目的地勒恩多夫。

时值隆冬，一连下过几场大雪，给四下里披上了银装，树枝上挂满晶莹剔透的冰串，目光所及之处皆白。今天虽然雪霁放晴，但太阳没有露面，不过并不感到太冷，天空也不灰暗。几乎看不到有人迹，大地显得格外宁静空旷。不时但见几只寒鸦在路旁地里觅食，或聚在树梢枝头朝天空呆望。

戈托博士一边开车一边告诉我，“联邦总理阿登纳纪念馆”就是已故总理生前的寓所，即本地居民几乎家喻户晓的勒恩多夫村岑尼希斯路(Zennigsweg)8a 号。1967 年 4 月阿登纳去世后，家属移居他处，将整幢房子包括花园交给国家，辟为纪念馆。国家还就着山坡，在房子下边盖了一所史料陈列馆，展出介绍阿登纳一生经历和事业的各种资料及实物，连同房子和花园一起，于 1970 年 2 月 19 日起对外开放(每周星期一闭馆)。同时设立了联邦总理阿登纳纪念馆基金会，总理生前女秘书安内利泽・波平加博士是纪念馆现任业务负责人。另外，为了怀念故总理，岑尼希斯路也已改名为康拉德・阿登纳博士路(Dr. Konrad-Adenauer-Straße)。

回顾 1945 年战后德国的情况，想到阿登纳在他所作回忆录中的记述，看看今天联邦共和国的面貌，联系我本人来到这里后的所见所闻，此时的我，作为一个德国语言文学工作者和对研究德国问题感兴趣的中国教师，也禁不住思潮起伏。我来联邦德国才8个多月，时间不长，但从学习访问和旅行观光中，特别是同德国大学师生和普通居民生活在一起，从与他们接触交谈中，已深深感到，阿登纳的事业同联邦共和国紧紧联系在一起，是他在战后艰苦创业，亲手缔造并建设了德意志联邦共和国。人们承认，“西德之所以有今天，主要还是靠老总理当年打下的基础”。康拉德·阿登纳这个名字同联邦德国不可分开，他受到人们的普遍尊敬。

德意志民族是伟大的民族，德国人民享有“诗人和思想家人民”的美誉。19世纪末20世纪初，德国号称“陆上强国”。然而，历史上的那个德国，给人们的印象却颇为复杂。德国是许多杰出思想家和哲学家的故乡，但是也出了被人们认为有助于后来形成纳粹主义思想基础的弗里德里希·尼采(Friedrich Nietsche)，而卡尔·马克思(Karl Marx)和弗里德里希·恩格斯(Friedrich Engels)则大半生只能在国外度过。德国有过许许多多为人类健康造福的医学家，德国的医药誉满全球，可是阿道夫·希特勒(Adolf Hitler)时代的德国却发明了令人发指的“灭绝营”(Vernichtungslager)、毒气室和焚尸炉，罪恶地屠杀生灵，特别是犹太人，连孕妇和婴儿也不能幸免。德国的文化和科学技术对促进世界文明作出过重大贡献，但德国帝国主义和法西斯主义在不到一代人之间两次发动世界战争，给全人类包括德国人民自身带来了深重灾难。1945年5月纳粹政权覆灭，德国被分区占领，国破民伤，遍地瓦砾，物质供应极度匮乏，人心陷入混乱，社会秩序令人绝望。但为时不久，即开始着手恢复。在西方三占区基础上建立的德意志联邦共和国进展尤为迅速，不多几年就得到恢复，继而进一步起飞，出现了人所共知的“经济奇迹”（Wirtschaftswunder），终于发展成为今天西欧实力最雄厚的国家，居民享受着高水平的物质福利。这是新德国，它以完全不同于历史上那个旧德国的面貌出现在欧洲，受到人们刮目相看。

阿登纳十分重视历史，他认为历史“经验可以成为思想和行动的指南”，生前经常告诫人们要注意学习历史，懂得历史。去年4月底我来到联邦德国时，恰逢德国无条件投降四十周年前夕，各地广泛举行活动。报刊电台撰文谴责希特勒发动侵略战争，介绍不义战争造成的灾难及败亡史实，刊登各界人士回忆当年亲身经历的文章和讲话。电视台举办各种有关的专题讨论会，其中特别是以青年为对象的讨论会，通过与会青年自己提出问题、讨论问题和解答问题，明确和加深大家的认识，气氛显得极为活跃。这样，一方面把纳粹政权的所作所为同今天的德国区别开来，尤其是不让广大青年一代心理上继续承受纳粹德国阴影的负担，正像巴伐利亚州（Bayern）州总理、基督教社会联盟（Christlich-Soziale Union-CSU）主席弗兰茨—约瑟夫·施特劳斯（Franz-Josef Strauß）所说的：1945年5月8日是德国无条件投降日，也是德国人民摆脱纳粹统治，获得解放的日子。另一方面，又使年轻人正确了解懂得这段历史，不忘记这个沉痛的历史教训。

汽车过科尼斯温特（Königswinter）后，驶出高速公路，改走普通公路，前行一段，便抵达勒恩多夫。勒恩多夫是个村庄，这儿也像我在德国其他好些地方见到过的村庄一样，街道不宽，但柏油路面平平坦坦，房屋和片片小花园相间，显得错落有致，处处十分整洁。路上可见三五行人，村中响起钟声，今天星期天，大概是上本村教堂望弥撒的居民。他们主动靠到路旁，让汽车通过，并向我们点头招呼，彬彬有礼。进村后不远，汽车增多，出现了携带对讲机的绿衣警察，在指挥前来参加纪念活动的人，把汽车开到指定的地方停放。

我随戈托博士下得车来，只见纪念馆前已人头济济。这是一幢粉刷成白色的两层楼房，坐落在山坡上，由于地下室也开着窗子，从侧面看似乎有三层。房屋式样一般，同村中其他民房完全一样，本身看不出有什么独特的地方。只是在路口旁不到一米高的篱围上，横钉着一块比蓝底白字路标略宽的带箭头的牌子，用白底黑字写明“阿登纳纪念馆”。房屋前竖一根旗杆，挂着国旗。另外，路口一侧高处有一小间简易棚房，那是阿登纳生前保卫人员的值班室。史料陈列馆就在山坡下边，不大，上下两层，作黑色，同样显得朴实无华。

来宾们没有进入纪念馆，而是先到前往安葬阿登纳的“林中墓地”(Waldfriedhof)的登山处候齐，聚在这里三三两两交谈。波平加博士正在忙着招待客人，大概因为我是唯一的一个中国客人，所以她在跟戈托博士打招呼的同时，也就立即认出了我。我们趋步近前握手，互致问好。她热情地表示欢迎，告诉我纪念活动的大致安排，随即把我介绍给周围的客人和阿登纳家属，包括故总理长子康拉德·阿登纳博士(长子与其父同名)即科科(Koko)，幼子格奥尔格·阿登纳(Georg Adenauer)夫妇，小女利贝特·韦尔哈恩(Libet Wehrhahn)及其丈夫韦尔哈恩博士等。阿登纳的这几位子女都已是老人，长子阿登纳博士先生快八十高龄了。我向他们表达了我对阿登纳总理的景仰心情，并说我对他们几位早已从好些介绍故总理生平的著作中有了了解，他们的容貌和神态跟我的想象完全一致，即使在别的场合下遇见，也准能认得出来。他们连连点头称谢，也关切地问我来德以后的生活、工作和观感等情况。

纪念活动开始了。宾主们沿山路步行到阿登纳墓前，已故总理和先于他好多年去世的前妻埃玛·魏埃尔(Emma Wayer)及之后的妻子古西·青塞尔(Gussie Zinsser)合葬在这里。参加纪念活动的人士和许多报刊、电台及电视台记者到齐后，先由联邦军(Bundeswehr)官兵代表、基民盟基社盟两党联邦议院议会党团代表、基民盟中央和地方组织代表以及其他各界代表一一敬献花圈。现任联邦总理、基民盟联邦主席赫尔穆特·科尔(Hermut Kohl)因公未到，特委托波恩市市长汉斯·丹尼尔斯博士(Dr. Hans Daniels)代献了花圈。接着全场默哀三分钟，然后由前联邦家庭和青年部长、前基民盟总书记、现任阿登纳基金会主席布鲁诺·黑克博士(Dr. Bruno Heck)讲话。

黑克博士简要地介绍了已故总理的生平经历，着重回顾他在战后艰苦创业，缔造并建设联邦共和国，一心为大众谋福利所作出的贡献。黑克博士说："在1945年德国战败投降后的困难处境下，在民族存亡的危急关头，我们幸运地得到了两位杰出的政治家和国家领导人，一位就是康拉德·阿登纳，另一位是路德维希·艾哈德(Ludwig Erhard)。"多亏有他们领导，"特别是多亏阿登纳总理的对内对外政策指导以及他的辛勤工作，使联邦共和国政治上成为独立自主的国家，经济上取得了前所未有的成就，居民过着幸福安定的生活"。黑克博士详细论述了阿登纳溯源于基督教根本思想的世界观，赞扬了阿登纳一生显示的优秀品质和担任联邦政府首脑孜孜不倦忘我工作的精神，并强调说明了阿登纳坚持不懈，致力于"巩固以美国为首的西方联盟，促进以德法友好为核心的欧洲统一及在自由与和平中重新统一德国”的一贯主张。最后，黑克博士语重心长地指出：“我们今天怀念已故总理，纪念已故总理诞辰 110 周年，就应当牢记已故总理的教导和思想，意识到我们肩负的重任，做好各自的本职工作，把已故总理的事业推向前进。”

黑克博士的讲话很具启发性。过去看到人们评述战后西德经济起飞迅速的原因，几乎都概括归结为这么几个方面：(1)西德处于被占领情况下，本身没有国防，无需军事开支；(2)大量接受“马歇尔援助”(Marshall-Hilfe)(以下简称“马援”)；(3)原有工业在战争中全被打光，企业设备等于全部更新，并且从一开始就采用最新工艺技术成果；(4)“冷战”(Kaltkrieg)开始，特别是朝鲜战争爆发后接受军事订货；(5)大批使用“外籍工人”(Gastarbeiter)廉价劳动力。我曾就上述五方面原因同一些德国朋友交换看法，他们之中不少人认为，这样评述问题有的缺乏事实依据，有的未作具体分析。实际上联邦德国早在 1950 年末即已提出“重新武装”(Wiederbewaffnung)问题，1955 年正式建立联邦军，在此以前虽然没有国防预算，但每年都得支付占领军费用，而且数字不算小，以 1952 年为例，这一年支付占领军费用 75.1 亿马克，为同年全国社会生产总值 1 342 亿马克的 5.6%。原有工业“全被打光”，因而企业设备“全部更新”的说法不准确，实际上并没有全被打光，因为如果全被打光，波茨坦会议(Potsdamer Konferenz)就没有必要坚持强调“拆卸”德国工业设备了，阿登纳总理也用不着在 1949 年 9 月上任伊始，首先就忙着同西方三国高级专员谈判，要求“停止和减免拆卸”了。20 世纪 50 年代联邦德国境内外籍工人最多时只有近 80 000 名，大批雇用外籍工人是 1959 年底 1960 年初才开始的。“马援”和朝鲜战争的确是重要因素，可当年同时接受“马援”

的还有许多其他国家，而唯独联邦德国经济起飞特别迅速，这说明至少存在一个如何善于利用“马援”，如何恰当安排军事订货，协调综合发展的问题。联邦德国人士高度评价“马援”的作用，肯定军事订货是一个有利因素，但归根到底，认为最基本的原因在于“社会市场经济”(Soziale Marktwirtschaft)政策指导，在于各阶层居民节衣缩食，遵守纪律，以及原有工艺技术基础和劳动力的较好生产素质，即严格的技术培训。

联邦德国经济迅速发展得来绝非轻易。我认识好几位原来属于“被逐难民”(Vertriebener und Flüchtling)的德国朋友，他们都是50岁上下年纪，战后初期童年随父母来到西德的。谈到当年自己的切身经历，他们都说是“噩梦一场”，对这一点体会特别深刻。他们回忆说，他们当时举目无亲，生活无靠，在瓦砾堆里安身。父亲成天四处奔走找活计，“能遇上不论有点什么零活干，就算幸运的了”。那时候消费品样样凭证配给，占领军大兵“用一支香烟就能叼走一个德国女郎”，“定量本身很少自不待言，而且由于没有钱，往往连配给的一点点东西都买不起，只好挨饿”。他们拾树枝当柴烧，拣菜皮充饥，夜里“偎缩在父母亲怀里，靠大人的身体挡寒”，“全家挣扎在死亡的边缘”。后来父亲好不容易就了业，但有限的工资“每月只让领取30%—50%，其余部分都存在单位里，据说是积存起来，为了以后给大家造房子，买汽车”。1948年6月“币制改革”(Währungsreform)是个“重要转机，许多消费品取消配给供应，说这些做法都是为了‘打破计划经济’的束缚，以便实行‘社会市场经济’，好让‘人人致富’”。当时大家都“半信半疑”，认为“未必会有这样的好事情”，不过“想到就业终比失业强，也就一心发狠干工作，勒紧裤带过日子”。后来情况果然渐趋好转，有了奔头，20世纪50年代中期过后，大家陆续开始考虑给自己盖房子，出现了买汽车的高潮。前后才10多年，生活发生了根本变化。他们从亲身经历中体会到"'社会市场经济'政策带来了好处，衷心感谢阿登纳总理和艾哈德教授"。他们的叙述印证了黑克博士的讲话。

墓前纪念仪式结束后，人们来到屋内瞻仰故居，在阿登纳生前的起居室举行酒会，由格奥尔格·阿登纳代表家属讲话和答记者问。电台、电视台记者忙着拍照录像，然后大家或参观或交谈。起居室作长方形，宽敞明亮，墙头挂着好几幅阿登纳生前收藏的心爱的油画。临窗一侧书架上陈列着许多书籍，大部分是世界文学名著和工具书。窗子对面靠墙竖立一棵很大的圣诞树，圣诞树周围以及墙头装饰着各种小圣像和小天使雕塑，造型古朴生动。同起居室相连的阳台小客厅里，挂着温斯顿·丘吉尔（Winston Churchill）首相送给阿登纳总理的一幅自己绘作的油画，条几上摆有一张德怀特·艾森豪威尔（Dwight Eisenhower）总统的签名照片。据利贝特·韦尔哈恩夫人介绍，这里的一切都保持阿登纳在世时的样子，没有改动。记得我在参观波恩绍姆堡宫时，讲解员也是这样说的，阿登纳生前办公室的所有陈设，包括办公桌上的文具用品、老式小台钟、发黄的卷宗夹、几乎磨破了的公文皮包、旧电话机等等，都按原样摆着，保存完好。从起居室朝西南方向两扇大窗外望，俯视近处是勒恩多夫全村房屋，莱茵河从村前流过，河心的诺伦维特（Nonnenwerth）小岛清楚在目。河对岸是莱茵名胜之一、富神话浪漫色彩的罗兰兹博根（Rolandsbogen）。极目远望，天际隐现一线山峦，有名的本笃会马利亚拉赫修道院

(Kloster Maria Laach)就在那里。30年代前期,阿登纳受纳粹迫害,一度只身在修道院里避难。起居室外右手花园中,沿山坡一侧高埂上,立着一排象征春夏秋冬四季的小天使石雕,那是阿登纳从意大利北部科摩湖(Comer See)畔休假地卡德纳比亚(Cadenabbia)带回家的纪念品。花园尽头处可见一间小巧亭式建筑,装有落地玻璃窗,显然是阿登纳退职后为撰写回忆录特意盖的小书斋。

阿登纳纪念馆另一位业务负责人恩格尔贝特·霍梅尔(Engelbert Hommel)先生告诉我,故居自1970年开放以来,平均每年参观者达100 000人次,已接待过100多个国家的来宾,其中包括人民中国的客人。他拿出厚厚一本观众签名留言册翻给我看,果然有好些中国团体和个人参观者留下的名字。霍梅尔先生还带我仔细看了阿登纳日常用餐的房间、休息的地方、书房、楼下的卧室——阿登纳就是在卧室的床上去世的,以及玩意大利滚地球的场地。

我抓住难得的机会,请阿登纳博士先生和韦尔哈恩夫人给我谈谈总理生前的日常居家生活。他们就从这幢房子谈起:他们老家原来住在科隆,1933年1月希特勒上台后不久,父亲被纳粹撤去科隆市市长职务,并驱逐出科隆行政专区。第二年父亲又一度被捕,虽然侥幸很快恢复了自由,但处境仍很危险,东躲西藏。他们兄妹和母亲也四处飘泊,没有个正式的家,直到1935年才来到勒恩多夫这里,租了一所房子安身。1937年父亲领到了补发给他的退休金后,终于决定在这里定居,就着山坡高处盖了这幢房子,“这里视野开阔,终年阳光充足,可以看太阳落山。这是最使父亲感到高兴的……”韦尔哈恩夫人显然十分健谈,似乎陡然想起了什么,话题一转,兴致勃勃地告诉我,说她一个月前刚从中国旅行回来,畅游了北京,登上了她“从小就充满幻想渴慕向往的长城”,到了上海等地。我问她对中国之行的感受如何,她开朗地笑着说:“我是第一次到中国,印象好极了,我们到处受到热情接待。那里的人诚挚,我一点也不感到拘束。”在座的其他客人忙着问她登长城的细节,这时她的小儿子走过来,把我拉到一边,带着稚气未脱的神情悄悄自我介绍说,他已是大学一年级学生了,有志学中文,研究中国的医学,十分认真地请我告诉他应当从何着手……

德国朋友对中国普遍显示出友好。我遇到过许许多多大学生、教师、普通居民、政界和企业界人士,他们对中国无一不表示深感兴趣,注意了解中国的情况,尤其是称赞和关心中国当前正在进行的“改革”。去年我在海德尔堡(Heidelberg)时,电视台先后播放《大桥下面》、《没有航标的河流》、《乡音》等中国电影,广泛获得好评。大学生反映这些影片描写了“真正的生活”,“演员朴实大方,富于人情味”。当然,由于对中国毕竟缺少了解,也有人问:“中国年轻男女结合为什么这么复杂?”还有小青年好奇地打听“像影片中这样的女主角在中国算不算最漂亮的姑娘”。总之兴趣很浓。我在魏因海姆(Weinheim)一户典型普通德国居民家里作客,主人不无自豪地告诉我,他们收看过电视台播出的《丝绸之路》连续集故事片,还有在中国实地摄制的、介绍今天中国日常生活和社会概貌的12集电视片《长城内外》(*Jeseits der Großen Mauer*)。每次播出关于中国的节目他们都“必看无疑”,因为“中国是真正的文化之邦”,不像“有的人钱多,但没有自己的传统文化;有的人只会到处做广告,专顾推销自己的商品”。去年11月,电视二台实况转播法耳茨州(Pfalz)州总理伯恩哈德·福格尔(Bernhard Vogel)访华期间,同北京青年举行的座谈会,题为《中国向 2000 年前进》,引起的反响更是强烈。人们普遍感到中国青年思想活跃,性格开朗,求知欲强,关心了解联邦德国的事情——例如,著名导演法斯宾德(Rainer Werner Faßbinder)涉及犹太人的剧本刚一引起争执,中国青年就知道了,成为此次座谈会上感兴趣的问题之一。许多居民在座谈会后写信给电视二台,表示希望同中国青年交朋友。今年年初,我参加汉堡(Hamburg)埃勒斯基金会(Hermann-Ehlers-Stiftung e.V.)举办的中国文学和绘画艺术报告会,主人原计划接待 100 名左右听众,结果来了近 200 人。会场小,准备的椅子不够用,许多人就坐在地板上,听完报告后,还留下来座谈,进一步交换意见,直到深夜才离去。我还到路德维希港(Ludwigshafen)访问过联邦德国最大企业之一的巴登苯胺苏打公司(Badische Anilin-und Sodafabrik—BASF),出面接待的两位先生不久前到了中国,同上海高桥化工厂和四川省一些工厂洽谈业务。他们把该公司珍藏的过去行销中国的名牌产品"阴丹士林"(Indanthren)染料商标拿出来给我看,表示非常关心中国现行的"开放政策",乐意同中国扩大业务关系,而且再三强调"首先是着眼于要为中国的现代化作贡献"。

阿登纳生前很重视中国。虽然看来主要是由于具体历史条件下存在的种种原因,联邦德国和人民中国之间在当时没有建立外交关系。但只要读读他的许多重要讲话和他的四卷集《回忆录》,就能看出他高度估计中国在改变世界力量对比中所起的作用,特别是殷殷寄望中国的发展和强大对解决德国问题产生有利的影响。中国今天积极支持欧洲统一事业,尊重联邦共和国在欧洲共同市场中所处的重要地位,理解和支持德意志人民要求民族统一的愿望。中德两国自1972年10月建交以来关系有了很大的发展。所有这些，无疑都是符合两国根本利益的。

每个国家都有它自己的问题，联邦德国当然也不例外：今天它的国土上还驻有外国军队，涉及最终缔结和约问题的有关大权仍旧掌握在西方三国的手中，德国依然处于分裂状态，欧洲统一还有待于继续努力促进。这些都是阿登纳生前的未竟事业。除此以外，从国内方面看，也有一个阿登纳生前一向十分关心的重大问题，即如何正确区分和对待“民族主义”(Nationalismus)和“民族感情”(Nationalgefühl)。鉴于“欧洲各国人民历史上分歧成见太深”，特别是由于纳粹当政时期“发生过多么可怕的事情”，阿登纳强调指出“民族主义是欧洲的痼疾”，并且一直批判和反对历史上的民族主义，注意警惕旧的民族主义重新抬头。但与此同时，他也认为，“每个国家的人民，包括德国人民，都应当有自己的民族感情。我们需要民族感情……不然的话就有危险，国家……会变成某种模糊的东西，谁也不把自己同国家密切联系在一起，人人都会认为国家与自己无关”。他还表示“羡慕”法国具有的“鲜明的民族传统”，为“德国缺少这样的民族传统”深感惋惜。可是，如他所说，“由于有过希特勒时代所发生的一切，要让德国人民中成长出健康的民族感情，是很难的，这只能谨慎地进行”。现实情况使人感到似乎也的确存在这样一个矛盾。虽然联邦德国本身早已成为世界各国大集体中共同的一员，致力于欧洲统一，致力于同各国和平友好，但人们对过去的纳粹暴行并没有忘记，在思想上往往仍然很敏感。例如，联邦德国的公共场所有时公然出现纳粹卐字标记，一般人似乎多见不怪。但严肃的人总不免有触目惊心之感，因为他们对过去的灾难没有遗忘，也不可能遗忘。而另一方面，今天联邦德国的学校里，不对师生进行任何形式的爱国主义思想教育，教材中没有“爱国”这个字眼。据说“谁要提‘爱国’，准会叫人笑掉大牙”，或者说根本没有“爱国”这个概念。我多次遇到过中年和中年以下的德国人，其中甚至有艺术专业的大学生，他们对一些最普通的著名德国古老民歌民曲都表示不知道，说从来未听见有谁唱。这些民歌民曲一向被公认为世界人民的共同文化艺术遗产，在别的国家出版、唱诵和演奏，想不到在这里却如此鲜为人们所知。年龄较大的德国朋友每谈及此，都叹息不止，但因限于现实条件，表示无可奈何，说“唯有寄希望于今天年幼的一代，但愿他们多少年后能有机会去重新找到这一切”。

阿登纳在晚年自叙生平时曾经说过：“我实际上活了三世人生。第一世人生活到 1917 年为止，第二世人生包括在科隆当市长，第三世人生则是从战败崩溃后开始的。”老人长寿的一生，从俾斯麦（Otto von Bismarck）德帝国起，经历魏玛共和国（Weimarer Republik）、纳粹德国和占领下的西德，最后到德意志联邦共和国；从家庭到学校到进入政界，主持科隆市政和担任普鲁士参议院（Staatsrat）议长，被纳粹当局撤职并横遭迫害，战后重任科隆市市长，随即又再次被撤去职务，投身基民盟党务活动和缔造联邦共和国并连任四届联邦总理，历尽了沧桑艰辛。从某种程度上说，他的一生体现了 19 世纪末以来德国历史的缩影。而他担任联邦总理 14 年，时间之久，则超过了魏玛共和国先后 21 届政府任期的总和，更超过了狂人希特勒吹嘘的所谓“千载帝国”（das tausendjährige Reich）。

天色向晚，纪念活动宣告结束。我怀着敬意，草吟七绝四句，告别阿登纳家属和其他客人，同克劳斯·戈托博士踏上归途。诗曰：

莱茵河水、七山、岩①，
几经百载证沧桑；
最是艰辛唯创业，
后人永志幸毋忘。

阿登纳作为德国现代史上一位如此有影响的、杰出的政治家和国务活动家，我深信，把他的生平介绍给我国学习德国语言文学的青年和其他读者，一定会受到欢迎的。当然，我的记述不可能全面完整，可能有不恰当的地方，甚至难免有错。但是，如果能大致勾画出阿登纳漫长坎坷一生经历的轮廓，特别是如实反映阿登纳担任联邦总理期间奉行内外政策的基本线条，那就是我衷心所愿的了。

1986 年

① 指“龙岩”。

第一章　家庭和童年

阿登纳全名为康拉德·赫尔曼·约瑟夫·阿登纳(Konrad Hermann Josef Adenauer),原籍莱茵河西岸,波恩南部 40 多公里外的上艾费尔地区(Hohe Eifel),小地名阿德瑙(Adenau)。阿登纳家的远祖是自己拥有田产的农户。18 世纪初期,他的高祖父一代移居波恩以南不远的弗列尔茨海姆(Flerzheim),到曾祖父手里迁至波恩定居,专种葡萄——这个地方习惯上为莱茵河中游河谷一带经营葡萄的终界线,由此向北以远一般就不再大规模种植葡萄了。阿登纳的祖父起初给官家当差,身份是服徭役的面包师傅(Fronbäcker),后来在波恩开了一家面包店,自烘自卖。这在当时大致属于家道小康的市民阶层。

阿登纳的父亲生于 1833 年,名 Conrad,与 Konrad 读音相同,用中文译音表达也是"康拉德"。父亲很小的时候,祖父有一天爬到树上去采果子,不小心摔了下来,伤重去世。那是在 1840 年,祖父才刚满 30 岁。

父亲只念过小学，成年后在农庄和砖瓦厂做过工，后来弃工从戎，打算通过军务生涯的途径，日后复员回家当一名中级公务人员。父亲参加了1866年普奥战争，在决定此次战争胜负的著名的凯尼格列茨(Königgrätz)战役中身负重伤。人们打扫战场时，在死人堆里找到了他，只见他手中紧握着一面缴获的奥地利国旗。由于这一英勇出众的行为，他获得"红鹰章"嘉奖，并提升为少尉。像他这样以战功得奖晋升军官的士兵，在此次战役中总共才两人。

此后不久，父亲认识了当时16岁的姑娘海伦妮·沙尔芬贝格(Helene Scharfenberg)，姑娘的父亲在科隆市一家银行当职员，子女多，但比较富有。他们双双感情甚笃，订了婚。父亲随即决定放弃军官生涯，结婚成家，改到司法机关工作，做不属于法官编制的公务人员，当上了科隆市地方高级法院的主办文书，后来又升为办公室主任。这在当时算得上颇为体面的官职了。他和年轻的妻子住在科隆市巴尔杜英街(Balduinstraße)6号一幢三层楼房里，靠自己当公务人员这份为数不多但收入固定的薪俸，省吃俭用过日子。他们虔诚信仰天主教，生了五个孩子，三男两女。

普鲁士首相奥托·冯·俾斯麦统一德国建立帝制后五年，1876年1月5日，未来的德意志联邦共和国首任联邦总理康拉德·阿登纳就出生在这样一个家庭里。他排行第三，上面有两个哥哥，即奥古斯特(August)和汉斯(Hans)，下面有一个妹妹，取名莉莉(Lili)。另一个小妹妹伊丽莎白(Elisabeth)早夭，生下来不满四个月，因害脑膜炎不治死去。

有关阿登纳童年时代的情况，人们知道得不多，他本人也未作系统记述介绍，因此，基本上仅限于他在生前偶而向别人谈到的一些零星片段。

阿登纳在老年时回忆说："小时候待在父母跟前的家庭环境，决定着一个人的整个一生。"当时父亲白天在法院忙公务，公余回家就悉心培养教育子女。父亲和母亲教育他们兄妹"勤劳、谦逊有礼、生活节俭，特别是要尽职守责"，告诉他们懂得"这些都是做人处世的根本"。父亲沉默少言，很严肃。母亲则性格开朗活泼，善理家务。两口子都比较急躁易怒，平日有时候也为不愉快的事情相互动气吵嘴。遇到这种情况，往往是父亲主动让步，借口出门散步，去外面走走，消消气，然后再回来。父亲自己从来不打孩子，他对母亲说："孩子该打你就打，我可晚上要图个安静。"

阿登纳有一次还说："以今天的概念来衡量，当年那个时候父母要求子女是非常严格的，日常生活是十分俭朴的。不过亲切和温暖是主要的一面，全家大小齐心合力过日子。"他们三兄弟和妹妹都能念高级文科中学，除妹妹外，他和两个哥哥甚至读完了大学。

他们兄妹每天早晚跟父母在家里做祈祷。每逢星期日，上午阖家到教堂望弥撒，下午去科隆使徒教堂作祷告。

勤俭持家是阿登纳氏一家门的传统家风，何况靠父亲一个人的薪俸养活六口之家，还得考虑送四个孩子上学校，就更非注意节俭不可。为了增加收入，贴补日常开支，他们家把整个二楼和底层的一半房间租给别人，自己一家住得很挤。"因此我们三兄弟共住一间房间，我直到 17 岁都不得不跟大哥奥古斯特合睡一张床，"阿登纳后来这样回忆说。

除此以外，母亲还从外面接回来针线活，夜里挤出时间做。小儿子康拉德经常在煤油灯下陪着母亲，母亲一边缝围裙，一边唱歌。围裙缝好后，交给他用小手拆掉线头。每拆一件，母亲给他一个芬尼。

他们家住着一位姓通格尔（Tonger）的房客，因害有肺病，又是单身汉，一直受到父母亲和他们兄妹的体贴照料，就像对待亲人一样。通格尔非常感激，在临死前，特为拿出自己积存的价值3万马克的工业股票，送给他们家，这在当时是很可观的一笔财产。父母将股票存起来，准备供日后送他们兄妹上大学之用。

阿登纳5岁那年，由父亲教他启蒙，识字写字，这样他跳级进入小学，直接念二年级。

巴尔杜英街6号房子后面有个小花园，这儿是他们兄妹童年时代最早的户外活动场所。他从小爱好植物，喜欢种花种菜，并且带着好奇的心理进行观察和试验。8岁那年，他在花园的苗床上撒下小红萝卜种子。几天后，种子刚一露出叶芽，他就把苗连根拔出来，想看看它们往下如何生长，结果小红萝卜苗过一夜都枯死了。父亲开导他说："看见了吧，孩子，要观察它们长大，你就得有耐心。"

另外一次，那是几年以后的事情了，他试验用蝴蝶花同天竺葵杂交。他兴致勃勃地想要发明"卷须的蝴蝶花"，指望培育出新品种，"取名阿登纳蝴蝶花，好在植物界一举成名"。"可是父亲连连摇头指出：'不可以插手干预上帝职权范围内的事情。'后来从政后，遇到有些问题，我总会想起这个告诫"。

"父亲不论做什么事情，都集中思想认真做好。我还记得，有一次大哥丢下功课不做，跑到新市场（Neumarkt）去看救火，为此受到父亲责备。父亲生气说：'哪怕炮弹落在你身边，你也应当坚守自己的工作岗位。'"

当时的日常生活中，也充满着政治气氛。俾斯麦在1873年发动打击天主教会反对派势力的所谓“文化斗争”（Kulturkampf），以及1878年颁布镇压德国社会民主党（Sozialdemokratische Partei Deutschlands—SPD）的“反社会党人非常法”（Sozialistengesetz），都给童年和少年时代的阿登纳留下了深刻印象。后来他在晚年时，还向别人谈起当年自己的见闻，叹息不已，批评俾斯麦的这些做法不明智和缺乏远见，指出“这是俾斯麦在内政方面犯下的灾难性错误”。

他也清楚地记得1880年科隆大教堂落成，全城举行庆祝游行的盛况。父亲带着他到火车站近旁一位朋友家里，站在阳台上看热闹。他看见威廉一世皇帝（Kaiser Wilhelm I）乘坐敞篷四轮单驾轻便马车，从他们跟前缓缓走过，“白胡子，脸上显得亲切慈祥，后面跟着许多服饰华丽的达官显贵，入夜大教堂灯火辉煌”。

当然，像所有的孩子一样，他们兄妹也贪玩，也吵闹打架，他在学校里也有淘气的时候。不过总的说来，他是个好学生，虽然算不上模范生。他在念小学的时候，就习惯于把自己节省下来的几个芬尼买画片收藏，喜欢绘画和音乐，这两门艺术后来成了他的毕生爱好。他从小热爱大自然，特别高兴父亲公余带领他们兄妹外出徒步旅行。他在大自然中忘掉了一切，感到其乐无穷。除了家庭以外，绘画、音乐和大自然就是他取得乐趣的无限源泉了。

念完小学四年级后，阿登纳进入科隆市使徒高级文科中学（Apostelgymnasium）。据当年同班同学、后来担任医务顾问的小胡贝特·洛默尔博士（Dr. Hubert jun. Lohmer）1953年回忆说：康拉德·阿登纳那个时候像大家一样淘气，“要讲引人注目的话，老实说只有他人长得高，念到九年级毕业为止，全班同学一直数他个子长”。他热心给同学帮忙，不论哪个同学抄袭他的作业，他都没有意见。他还有些怪癖，看书看得快，不挑不拣，什么书都看。最喜欢的是《长统皮袜》(*Der Lederstrumpf*)和尤勒斯·维尔纳(Jules Verne)的科幻小说。不过他也爱读世界文学名著，“《块肉余生记》(*David Copperfield*)他看过四遍”。他还和班上同学一道，想方设法逃避做课堂作业，考试中帮困难同学作弊过关。

对于所学课程，阿登纳在高级文科中学时期最感兴趣的是拉丁语和历史。拉丁语考试成绩他一直居班上前六名之列。至于历史课，据他自己承认，则是为他日后“用历史作政治借鉴”以及“通过类比法运用历史知识”打下了初步基础。另外，他的德语课学习成绩也很好。八年级时，德语课老师给他的作文批了这样的评语：“文章简短但构思恰当明确。阿登纳，构思是你的长处。”

少年和青年时代的阿登纳很腼腆。他在晚年回忆自己说，他原先很害羞，碰到跟别人谈话，脸上总会感到火辣辣的，心里怦怦跳个不停，只是靠着严格的自我克制，才逐渐克服了同别人接触时胆怯畏缩的心理。他不轻于交朋友，在中学时代，只有一个同年龄的同班同学跟他关系特别密切。这个同学就是后来他在纳粹统治时期一度借以避难藏身的本笃会马利亚拉赫修道院院长伊尔德丰斯·赫尔维根(Ildefons Herwegen)。

阿登纳在科隆市使徒高级文科中学从一年级念到九年级，于1894年毕业。中学毕业后他有志学法律，但未能直接升入大学，原因是父亲一时筹措不到学费。通格尔房客过去送给他们家的3万马克工业股票,一部分早在 1871 年至 1873 年,即历史上所谓的“德国经济繁荣年代”(Gründeriahre)期间,由于股票行情陡落而变成废纸,一文不值。另外一部分已用于两个哥哥上大学。急切之中找不出筹钱办法,父亲只好告诉他说,“考虑到”他有“经商的天分”,准备送他到银行里去学生意。他也体谅父亲的苦衷,没有拒绝。于是,这年 4 月 1 日,他进科隆市赛利希曼银行(Bankhaus Seligmann)当了学徒。父亲当然了解儿子的心情,总感到三儿子受了委屈,自己心里过意不去,所以继续四处奔走设法。经过努力,很快找到专门资助科隆市有才华的市民子弟升学的克雷默尔基金会(Krämerstiftung),申请到一笔奖学金,用这笔奖学金送他上了大学——阿登纳在银行里总共只待了 14 天。

第二章　大学生活和青年时代

阿登纳于 1894 年 5 月进入南德布赖斯高(Breisgau)弗赖堡(Freiburg)大学,在这里念了一学期法律,接着转入慕尼黑(München)大学攻读法律和国民经济,一学年后又改到波恩大学就读。

在弗赖堡大学期间,阿登纳参加了取名“布里斯托维亚”(Bristovia)的天主教学生会组织,课外从事教会性质的社会活动。在晚上,他也经常跟同学们一道,出席传统的大学生酒会(die Kneipe)。青年人聚在一起饮酒,海阔天空谈笑,然后大家引吭高歌,走过夜深人静的街头,尽兴回到宿舍。

在大学生中,阿登纳特别以毅力坚强和耐力出众而引人注意。一个星期六中午,他和 12 个同学出发,集体徒步去有名的风景区“黑林山”(Schwarzwald)旅行。启程前宣布了活动计划:先游山,接着举行大学生酒会,酒会后休息,睡两小时觉,再继续步行,最后于星期天傍晚返回学校,全程 85 公里。计划执行结果,他们 13 个同学中,只有 3 个坚持步行走完了这段路程。在 3 个同学中,又只有唯一一个在第二天星期一上午照常进教室上课。这个同学就是康拉德·阿登纳。

他在弗赖堡大学还交上了一位同窗挚友，即赖蒙德·施吕特(Raimund Schlüter)。施吕特是威斯特法伦(Westfalen)农家子弟，也攻读法律，像他一样性格刚直，内向，富于责任感和笃信宗教。一学期结束后，他们俩一道转入慕尼黑大学。

慕尼黑大学的两个学期，是阿登纳大学时代中最无忧无虑、生活最丰富多彩的阶段，直到老年时他还兴致勃勃地向别人谈及。他在这里听了当时著名国民经济学家路约·布伦塔诺(Lujo Brentano)的讲课。尤其是他和施吕特经常在午后去参观艺术宝库古慕尼黑绘画陈列馆(Alte Pinakothek)，整个下午都待在陈列馆里。他回忆说："我们对每一幅画都非常熟悉。"他们也很喜欢看话剧和歌剧——"上剧院当然都是买'站票'"，为里夏德·瓦格纳(Richard Wagner)着迷。不过，他虽然酷爱艺术，但因家庭经济条件不允许，没有机会攻读。艺术始终只是他的业余伴侣。

巴伐利亚旖旎迷人而得天独厚的深山幽湖，不用说对阿登纳十分具有吸引力。他经常自带干粮远足，陶醉在大自然的美景画图中，流连忘返。暑假里，他还邀施吕特一道，双双去瑞士、意大利和波希米亚(Böhmen)游览。他们多半步行，有时到小河里捉了鱼，拾干树枝生起篝火，烤着吃。晚上就在农家的干草堆里过夜，或寄宿途中收费低廉的小客店。

一年后，阿登纳告别慕尼黑，回到故乡就近读波恩大学——当时科隆没有大学。只念了三个学期，他就于 1897 年 3 月起，抓紧时间准备参加国家考试的初试，想早日取得候补公务人员的资格，不再在经济上过分拖累父母。在紧要关头,他日以继夜发奋用功,疲倦时就打来一盆冷水,脱掉鞋袜,赤脚浸在凉水里,继续坚持复习。考试在5月里举行,他以"良好"分数获得通过。由于家庭经济能力不够,阿登纳终生未能攻读博士学位,他当时的志愿只想去农村当个"公证人"(Notar)。他后来的一大堆博士头衔,都是在日后从政期间,国内外一些名牌大学授给他的荣誉学位。

就在通过这次考试后不久,阿登纳经历了一场"信仰宗教的危机"。导致这场危机的深刻内在原因是什么,我们不得而知,反正危机"十分严重",甚至连"父母从小教育他信仰上帝这条人生准则",也有"保不住的危险"。他自己在1953年9月同他的传记作者保罗·魏马尔(Paul Weymar)谈话中,只说"我们毕竟都到了需要由我们自己取得靠父母传给的见解的时候了"。他还承认,"当时我读了希尔蒂的著作,这些著作对我很有帮助,消除了我的怀疑"。

瑞士法学家新教徒卡尔·希尔蒂(Carl Hilty, 1833—1909)的道德神学著作《幸福》(*Das Glück*)和《论信仰》(*Was ist der Glaube*),一直摆在阿登纳卧室的书架上,破损发黄,汗迹斑斑,足见主人翻阅的次数之多。书中好些句段有阿登纳用铅笔划的线,间或还有他加的旁批。希尔蒂在书中写道:"实践的基督教义说:行为正当,你就能立即相信。先听从,随后你就会目明。教条主义神学的说法相反:先相信一种正确的教义,然后但愿你能照此行事。而理性主义更说:你先明智地说服我,然后我愿意相信,也许照此行事,如果我感到中意的话。您从这三条道路中试试看愿意走哪一条。但依我之见,您只能通过第一条道路迅速达到目的地。"

看来希尔蒂的著作确实起了作用，不仅帮助阿登纳经受住考验，渡过了这场危机，而且对他世界观的形成和坚定都有着深刻影响。他所承认的“道德世界秩序”、“人的尊严”、基督教义的“永恒价值”，以及他经常告诫人们要“注意提防唯物主义苗子”等等，在希尔蒂的著作中都能找到相应的说法。他毕生把这些奉为圭臬，力求不违背他所理解的基督教义，按照基督教义的精神想事和行事。

1956年初，阿登纳在人们祝贺他80大寿的会上致答词中说：“女士们，先生们！我们想事情，我们考虑问题，可随后却被另外一种力量抓住和跟着这种力量走。我以为，人别无其他办法，只能听凭这个力量领导，俾便好歹完成人所肩负的任务，不论任务是大是小。这是做人的根本一条，也是做基督教徒的根本一条。而且这也是做政治家的根本一条，虽然按照我的经验政治家都不是优秀的基督教徒。我把我自己包括在内，也不把我们当中的任何一个视作例外！”他在这里所说的“另外一种力量”显然指他心目中的“上帝”。不是吗？且听他说：“我们有上帝赐给我们的理智和良知。我身为政治家，就要通过运用理智和良知，为力争使上帝所主张的秩序也能在这个地球上得以实现作出贡献。”

1901年10月，阿登纳在柏林以“及格”分数通过国家考试复试，获得了候补公务人员资格。他先进检察机关，不久改到一位律师手下待了两年，最后转入对他整个政治生涯起着决定性影响作用的科隆市考森律师事务所见习。

在此之前，阿登纳在大学时代的挚友施吕特去世了。他是在1901年同施吕特话别的。施吕特也通过了国家考试复试，去艾费尔山区一个小城市初级法院工作，并且订了婚，但在举行婚礼日前14

天的夜里，不知什么原因突然死去。阿登纳十分悲痛，感伤不已，直到老年时还深情地叹息说："施吕特是我当年仅有的一个知心朋友。"

这时阿登纳已是二十好几的年轻人了。工作之余，他也注意参加社交活动，学会了打网球，加入了科隆富有人家子女组织的一个取名"落汤鸡"(Pudelnaß)的网球俱乐部。在俱乐部的网球场上和聚会活动中，他认识了端庄温顺，有些腼腆的姑娘埃玛·魏埃。埃玛比阿登纳小 4 岁，其父在科隆古斯塔夫埃马努埃尔阿洛伊斯魏埃尔人寿保险公司任总经理，祖父彼得·魏埃尔(Peter Weyer)当过科隆市建设局长，爱好艺术，收藏有近 600 幅名画。埃玛的母亲娘家姓瓦尔拉夫(Wallraf)，也拥有大批私人藏画。魏瓦两家都原籍科隆，属于当时全市数得着的相互联姻的名门望族。1902 年阿登纳同埃玛订婚，两年后结婚，他们在科隆市林登塔尔(Köln-Lindenthal)寺院街(Klosterstraße)租下住房，建立起小家庭。

如果说，孩提时代的阿登纳已带着童稚的好奇心，喜欢摆弄花花草草做试验的话，那么，成年后的阿登纳就是有目的地利用公余闲暇，悉心从事创造发明了。早在 1904 年，他就发明了一台"反应式蒸汽机"申请专利。据他的大儿子回忆说："父亲老是搞点什么发明出来，一会儿是一种新式汽车车身……一会儿是一种奇怪的弯弯的发夹，据说戴在头发上怎么摆弄也不会松脱落失。第一次世界大战期间，我们意想不到，他发明出一种掺大豆粉制成的香肠和一种玉米粉面包，他给取名叫'科隆香肠'和'科隆面包'。"这些只不过是阿登纳生平创造发明的一部分。将来，到 30 年代末以后，他还会有更多的时间在这方面下功夫。

前文提到，阿登纳在考森律师事务所见习，他的身份属助理法官。据科隆一位老律师回忆当年见习期间的阿登纳说:“虽然他不是以能言善辩而特别引人注意的律师,但他用极其恳切的方式,冷静地、客观地摆事实讲道理,以理服人。他的发言对法官起着连绵阴雨的作用,毛毛雨下个不停,使一切反驳的意见对他无可奈何。”阿登纳自己回忆说:“我向考森司法顾问学习,将最错综复杂的犯罪行为事实构成一一理清头绪,然后简洁明确地加以陈述。”

科隆是莱茵兰(Rheinland)最大的城市,当时的市政厅设有12名市长助理(Beigeordneter)——这是当时沿用的职称,实际上即副市长,襄助市长分工负责处理各方面市政工作。1906年初,阿登纳听说一名市长助理职位空缺,就去找赫尔曼·考森(Hermann Kausen)。考森是地方高级法院律师,司法顾问,又是中央党(Zentrum)莱茵地区领导成员和中央党科隆市议会党团主席,按规定有权提名一位新市长助理人选,并且已经属意于萨尔布吕肯(Saarbrücken)出生的某年轻法官。阿登纳直率地向考森提出:“考森先生,至今为止我在您手下已工作了两年,您了解我,知道我的优点和缺点。我相信自己也能像别人一样,当个称职的市长助理。”考森同意了他的要求。这年3月7日,阿登纳在第一轮选举中,以35票对2票的压倒多数获得通过,当选科隆市市长助理,厕身地方政府领导人士行列。

当时的科隆市议会,同样实行普鲁士的“三等级选举制”(Dreiklassenwahlrecht)。第一等级为人数不多的富有者,全属自由党人(Liberaler)。第三等级人数最多,中央党成员占压倒优势。争夺的对象在于第二等级即中产阶级。至于社会民主党人,则是根本不可能指望得票的。

写到这里,需要顺便剖析一个与此有关的、值得作进一步探讨的问题:众所周知阿登纳原来是中央党人,但人们却不知道他加入中央党的确切时间,阿登纳自己没有谈到这一点,迄今发表的有关阿登纳生平的各种著作和研究文章或史料,也都没有作出介绍。

保罗·魏马尔在其所作长达770页的阿登纳传记中,只是笼统地说:阿登纳"作为政治家,从他的生涯一开始就加入了中央党"。特伦斯·普里蒂(Terence Pritti)的专著《康拉德·阿登纳——德国史的四个时代》(*Konrad Adenauer. Vier Epochen deutscher Geschichte*)提法也很含糊,只说"他[阿登纳]已经是中央党成员……不愧为中央党利益的可靠代表"。伯恩特·恩格尔曼(Bernt Engelmann)在《我们怎样有今天的》(*Wie wir wurden, was wir sind*)一书中则说:"作为天主教中央党科隆市议会党团主席考森手下的见习候补文职人员,年轻的阿登纳同样加入了中央党。"1976年科隆市为纪念阿登纳诞生100周年,出版了一本专集,书名为《科隆市市长康拉德·阿登纳》(*Konrad Adenauer. Oberbürgermeister von Köln*),其中说法尤为干脆:"人们要问阿登纳是何时加入中央党、交纳党费作为党员的,那么按照1918年以前的中央党的组织结构来看,对此无法作出回答。"甚至连勒恩多夫阿登纳总理故居纪念馆编印的系统介绍展出史料手册中,也没有说明他何时加入中央党。

鉴于阿登纳本人是中央党领导成员,而且从某种程度上说,中央党又是今天基督教民主联盟的前身,或基民盟建党的主要基础——后文对此将作专章论述,人们却不知道阿登纳何时加入中央党。这未尝不是一件憾事,至少也是有关阿登纳研究的一个不足之处。

有一本著作提到"阿登纳于1906年加入中央党",但未说明在哪个月，也没有提供论据。而科隆市历史档案馆 1976 年出版的《康拉德·阿登纳的时代和事业》(*Konrad Adenauer. Seine Zeit — Sein Werk*)一书，则对阿登纳在 1906 年当选科隆市市长助理作了这样的评述："对他此次当选具有决定性作用的，是他属于从 1905 年起即占有多数的中央党，以及他认识议会党团主席赫尔曼·考森本人。"看来这个评述是合乎情理的，因为面对激烈的党际竞争和考虑到自己党内的势力，考森未必会提名推荐一个非中央党年轻人候选。选举是 1906 年 3 月 7 日举行的，如果同意上述两本书中的提法，那么依此推算，阿登纳的入党时间当在 1906 年 1 月或 2 月。

阿登纳的父亲总算亲眼看到了自己小儿子成家后进而立业的这个决定性的一步，也可以有所告慰了。因为就在阿登纳当选市长助理后三天，父亲不幸中风，很快去世。

过了三年，1909 年 9 月，阿登纳以大多数票当选科隆市首席市长助理。也就是说，他在三年半时间内，从末位(第十二位)副市长升为第一副市长。当时他 33 岁。由于市长经常因公去首都柏林，所以市政工作很快实际上由他负主要责任。

这个时候，阿登纳在家里也已做父亲了。1906 年埃玛生了第一个儿子，从父亲取名康拉德，乳名科科。1910 年次子马克斯(Max)出世，再过两年又生了女儿里娅(Ria)。阿登纳除了忙公务以外，也得分出心思，考虑尽父亲应尽的责任。他像自己小时候父母教育他那样教育子女。据科科后来回忆说："父亲对自己当然要求很严格，不过我在小时候至少感到，他对我们做子女的要求更严。我们的学业成绩必须'良好'以上，哪怕有一门成绩只获'及格'，都会看到他皱眉头……父亲的长处是以理服人，甚至在家里对妻子儿女也坚持讲道理。”科科的弟弟保罗(Paul，阿登纳第二任妻子古西生的大儿子)说：“父亲对子女提出的问题总是认真如实地回答，我们不论有什么问题都可以问他……他教我们种花，问我们的功课和学业成绩，不让我们养成叫人服侍的坏习惯。”

在勤俭持家和生活朴素方面，阿登纳更是注意言传身教，给子女做出榜样。科科回忆说：“父亲当时是首席市长助理，可我们家的生活像小职员人家一样节省。父亲不喝酒，不抽烟，衣着非常朴素……也不叫我们子女讲究穿着，只是要求我们注意整洁。”“每隔半个月，市里来一位早先开过理发店的公务员，给父亲和我及弟弟每人剃个大光头。父亲说：‘剃光头既卫生，又便宜。’”“父亲自己从小就受到尽量省吃俭用的教育，他直到高龄都注意节省……我们做子女的同样受到知足的教育。父亲带我们外出徒步旅行，游七山，都是吃自备的干粮。”保罗还说：“我们有很少几个零花钱。在学校里有事用了钱，回到家里都得报账。我们从不吃零食，不进电影院。”

阿登纳一生中从来没有过自己的汽车，这在德国人家庭中是很少见的。不论早年在科隆市当正副市长，还是1945年战后再度主长市政，直到联邦总理和基民盟主席任期内，他本人都有公车。除此以外，他自己因私事以及家属有事外出，从来不用公车，而是或步行，或乘坐公共交通车辆。他带子女从勒恩多夫到波恩去听音乐会，也总是乘电车。子女们不悦地问：“爸爸，我们怎么自己没汽车?”阿登纳回答说：“完全用不着汽车。你们都好端端地长着腿，又有公交车辆供我们乘坐。再说我们也没钱买汽车。”

1914年8月，第一次世界大战开始。阿登纳没有像当年父亲那样奔赴战场。他是平胸，而且肺弱，不合入伍条件，只能留在后方。除原来分管财政和人事部门外，他现在又负责抓粮食和食品供应，因为“民以食为天”，战争期间确保全市65万居民的吃是一个头等重要的问题。当时许多人认为战争打不长久，很快可望结束。阿登纳不同意作这样的估计，开战后3个月，他向普鲁士当局建议实行食品配给，但未被采纳。他便在自己的职权范围内采取措施，一方面派人到国外，例如去邻近的荷兰采购食品。一方面同科隆地区四乡的农民签订合同，向农民提供种子、化肥和牲口，换取主副食品。这样，一段时间内确保了科隆市民的正常生活需要。

事实证明阿登纳的看法正确。战争并没有很快结束，而是持久地进行下去，困难日益增加，情况越来越严重，科隆市的供应终于也陷入危机，饥民嗷嗷待哺。阿登纳的公务已经够繁重了，偏偏家里又出了不幸的事情：妻子埃玛身体一向就不好，1909年起害有肾病。1916年10月16日这天，午餐一顿全家吃菌。菌有毒，其他的人吃了只感到胃里不舒服，唯独埃玛叫喊剧痛，上吐下泻，经急治无效，就在当天死去，终年36岁。留下三个孩子都很小，女儿里娅还不满三周岁。

祸不单行。妻子去世刚几个月，阿登纳自己又出了事情。一次因公乘车外出，由于司机过度疲劳，开车时打盹，致使急速行驶的汽车跟一辆电车相撞，他和司机都受重伤。阿登纳的“面部被轧平，颧骨和鼻梁断裂，下颚骨粉碎，牙齿脱落，上嘴唇裂开……车祸使他的脸彻底破相”。治好伤后，人们都说不认得他了，因为他的面貌已完全改观。

养伤期间，恰逢科隆市市长职位空缺。市议会开会讨论，有意提名阿登纳候选，但唯恐车祸对他的健康造成了严重伤害，放心不下，特为派出两名“侦探”到他所在的疗养地圣布拉西恩(St. Blasien)，以看望为名，当面测定他的情况是否正常。阿登纳似乎已知道两位的来意，颇为幽默地对他们说：“先生们，我只不过是相貌显得不正常而已。”于是事情就决定下来。1917 年 9 月 18 日，市议会以两票弃权，其余悉数赞成选举阿登纳为科隆市市长。这时他年方四十有一，是德国当时最年轻的大城市市长。

第三章　主掌科隆市政

阿登纳于第一次世界大战后期就任科隆市市长。1918 年德国战败，11 月初爆发革命，9 日柏林宣布成立共和国，10 日威廉二世(Wilhelm Ⅱ)亡命荷兰，结束帝制，11 日起停战协定生效。随着革命的爆发和战败的结局，德国现代史进入了一个动荡不定、错综复杂和多灾多难的时期。身为莱茵兰大城市、德国西陲重镇科隆市市长，阿登纳面临着严峻的考验。我们没有见到过他对德国十一月革命作出的正式全面评价，但从他晚年回忆当时亲身经历的描绘中，可以看出他对这场革命是颇不以为然的："革命！人们想象得美极了。可那个时候，不，一切都像空中楼阁似地归于破灭"，"不像话！简直不像话！那是一场儿戏"。另外，从这些描述中，也多少流露出他对自己同革命派打交道和取得革命派信任的手法不无得意之感。

基尔(Kiel)港起义的水兵乘坐火车长驱直入科隆。科隆在当时还是要塞，水兵们逮捕了要塞司令官，打开军事监狱，宣布成立工兵代表会议，行使政府权力。在这样的形势下，阿登纳仍然坚守自己的岗位。他不像要塞司令官那样临乱束手无策，甘当水兵的阶下囚，而是留在市政厅苦心支撑局面。水兵们经验不足，缺少应有的警惕。他则老谋深算，主动让出房间给他们办公，给他们提供打字机，同他们商量，建议他们注意维持社会治安，并就此提出具体可行的办法。他用这些手法骗取了革命派的信任。革命派吸收他参加工兵代表会议，甚至任命他为工兵代表会议公安委员。随后，他利用这一身份，抓住机会便中行事，同保守派市民代表组成一个“福利委员会”(Wohlfahrtsausschuß)，建立起自己的民团，逐步排除革命派势力，取工兵代表会议而代之。

科隆是德国西部大门，是首先遭到从西线战场退回国内的军队冲击的地方。几十万溃兵涌进市区，无人指挥，没有纪律，都携带武器，一时社会秩序成为极其严重的问题。阿登纳为市民生命财产担心，他派人四处张贴告示和口头传宣：凡交出手中武器者，可获得热食供应，发给路费，遣散回乡。他还叫人在深夜里把陆军仓库储存的30万升烧酒悄悄倒入莱茵河，避免了因散兵酗酒闹事可能带来的更多乱子。

从维护社会秩序和确保市民人身安全的角度来说，阿登纳当时的这些做法是起了一定积极作用的。

德国战败后，莱茵兰被划定为占领区，由法、英、比利时和美国分地区派军队占领。1918年12月6日，英国占领军进驻科隆，这也是促使动乱局面渐趋稳定的重要因素之一。但为时不久，阿登纳又遇到另一个远为更加严重的棘手问题，即错综复杂的“分离主义”(der Separatismus)和“莱茵兰运动”(Rheinland-Bewegung)。这个问题在当时使他费掉不知多少时间和精力，谋求妥善地加以处理解决，以后又长时期成为人们怀疑他“历史上有污点”的论据，甚至直到今天，还被一些人不时议论或列为德国现代史研究专题之一。

世界大战结束后，法国有些人士策动和支持莱茵兰人出面搞分离主义和莱茵兰运动，企图使莱茵兰脱离德国并入法国，或者至少“独立”。很明显，这是1918年德国战败形势下的产物，是德法两国世代不和互为仇敌继续作祟的反映。

莱茵兰是德帝国普鲁士邦的一省，处于德国西部，东距帝国兼普鲁士邦首都柏林好几百公里，无论从它经历的历史、文化、经济、社会结构、宗教信仰和居民思想习性等等方面的发展来说，都跟普鲁士有着很大的不同。1789年法国大革命的影响和拿破仑军队占领期间进行的改革，从政治上、社会上和思想上给莱茵兰打上明显有别于普鲁士的烙印。阿登纳一向认为自己是莱茵兰人——当然首先是德国人。他对普鲁士实在没有什么好感，毫不讳言他看不惯“不讨人喜欢的大普鲁士德意志帝国及其异教徒的首都柏林”。1946年3月24日，他在科隆大学一次讲话中还说：“尽管柏林人具有某些可贵的特点，但过去我每次到柏林，总感到是待在一个异教徒的城市里。”

阿登纳担任莱茵兰重镇科隆市市长，又是莱茵省议会议员，省委员会主席和中央党理事会成员，在分离主义者心目中自然是举足轻重的人物。分离主义者也知道，许多其他人都知道，阿登纳对普鲁士没有好感。因此分离主义者在某种程度上对他寄予希望，指望能得到他的积极支持，登高一呼，群起响应，从而有利于分离运动。可是他们没有估计到阿登纳是坚定的爱国者，他眼光看得远，决心致力于通过根除德法两国之间的不共戴天之仇，建立睦邻关系，而“莱茵兰运动”这个棘手问题也就可望因此顺利获得解决。他有自己的坚定原则立场。

1919年2月1日，阿登纳在科隆市市政厅的汉萨礼堂（Han-sa-Saal）召开“莱茵河左岸当选魏玛国民议会议员、普鲁士地方议会议员及被占领的莱茵兰地区各城市市长会议”，共同商讨有关前途问题。他在会上作了长篇讲话，这篇讲话至今还保存在科隆市档案馆。

阿登纳在讲话中，首先本着自己主张德法谅解的一贯思想，联系当时的形势，剖析德法两国关系的症结问题所在。他说：“德国和法国世代相仇。德法两国之间的争执和斗争已翻来覆去进行了好几百年……德国现今瘫痪在地。不言而喻，法国一方不可能认为目前这种状况能确保自身今后的安全。德国目前虽然完全瘫痪，但铁的事实是德国有6 500万人——我只说大约数字，而法国的人口为3 500万至4 000万。德国将会从它目前的瘫痪状态中重新站起来。谁也不知道德国多少年后才能站起来，但德国将会站起来则是肯定无疑的。基于这一考虑，法国得出结论，认为必须要求并创造得以确保本民族生存的保证，合乎情理地作出估计，使德国无法在可以预见的将来对法国进行复仇……

“那么法国怎样才能确保防止德国复仇呢？首先一个可能的办法是靠正在拟议建立的国际联盟及其相联的裁减军备。不过我认为，即便是在协约国当中，也没有任何一个国家坚信裁军思想能持久地占上风，并且在世界各国占上风……可是，如果法国通过和约以任何形式拿走德国的莱茵河左岸领土，那么肯定无疑将会由此而种下下一次欧洲战争的苗子，因为德国断不可能长期容忍这样做。”

为了寻求“一个解决问题的办法”，寻求一条既能满足法国一方的要求，又能避免德国因莱茵河左岸领土被分割而必然遭受的损失的“出路”，阿登纳建议：“将莱茵河畔各地区，不仅莱茵河左岸，不仅莱茵省，而且也包括接壤的莱茵河右岸地区，合并组成西德意志联邦，建立一个同德国保持联盟关系的西德意志共和国。”

看来这是阿登纳针对当时错综复杂的形势，作出的一个策略性抉择。正像他在讲话中所说的：“普鲁士军国主义”是举世公认的敌人，人们认为“普鲁士是欧洲的恶魔，是敌视文明和侵略成性的军国主义的庇护所，普鲁士是这次战争的发动者……过去统治普鲁士的是一个穷兵黩武，肆无忌惮的军人阶层和容克地主阶级，而普鲁士又是德国的统治者”。通过将德国西部各地区合并组成“西德意志共和国”联邦，就能消除普鲁士军国主义对人们，特别是对法国的威胁感。他还说，“这个西德意志共和国将由于它地区辽阔和经济上举足轻重而在新德国中起到重要作用，因此也能对德国的对外政策产生影响，使之符合和平友好的思想”，而这样处理同时也就使德国保住了莱茵兰。

阿登纳态度十分明确，他强调指出：“要么我们直接倒向法国一边或做法国的缓冲国，要么我们就成立西德意志共和国。第三种可能性是没有的。”另一方面，他保卫莱茵兰的立场也非常坚决。他断然表示抗议说：“作为处于被占领下的普鲁士地区的人民代表，我们大声疾呼和郑重声明：反对法国报刊上出现的谋求使莱茵河左岸或其中一部分地区离开德国的企图。”

阿登纳的长篇讲话受到与会者的赞同。会议当场选举成立了以他为主席的“莱茵兰委员会”，负责具体着手筹划有关建立“西德意志共和国”的事宜。但是这个委员会显然徒具空名。阿登纳作为主席不仅始终没有召集过一次会议，而且相反，借这个委员会的名义，利用机会——多少就像不久前利用工兵代表会议治安委员身份同革命派周旋那样，通过不同渠道，把各种危险势力控制起来，注意监视和掌握它们的动向。

阿登纳的态度和做法不用说使分离主义者感到大失所望。1919年6月1日，分离主义者在威斯巴登（Wiesbaden）和科布伦茨（Koblenz）宣布独立，成立"莱茵兰共和国"。法耳茨地区还有人策划搞脱离德国，并入法国的运动，情况非常危急。阿登纳一方面求见莱茵兰英国驻军政治顾问乔治·悉尼·克利维（Sir George Sidney Clive）将军，向将军陈述利害，建议由占领军当局公开张贴布告，明确下令"未经英国政府批准，禁止对英占区内的现行政治体制作出任何改动"。同时积极采取防范措施，终于使这股动乱逆流没有蔓延到英占区。分离主义者眼看目的未能得逞，他们对阿登纳恨之入骨。科布伦茨一个由分离主义者自封的"法庭、"宣布缺席审判阿登纳，判处他"死刑"。

法国方面自然同样密切注意阿登纳的一言一行。不过，就在阿登纳发表上述长篇讲话的当天，"停战委员会"驻科隆观察员、公使馆参赞衔外交官奥斯卡·保罗·特劳特曼（Oskar Paul Trautmann）——特劳特曼于1920年10月起任驻中国公使，当时译名为陶德曼——在写给德国外交部长乌尔里希·格拉夫·布罗克多夫-兰曹（Ulrich Graf Brockdorff-Rantzau）的一份报告中，即已明确提到阿登纳"被[法方人士]公认为热情的德国爱国者"。当时的法国总理乔治·B.克列孟梭（Georges B.Clemenceau）在几年后还抱怨阿登纳，说阿登纳没有为自己在上述长篇讲话中提出的建议采取任何实际行动。多年以后，甚至纳粹分子也就此事进行了专门调查，但终未查出阿登纳搞分离主义的证据。众所周知，纳粹分子镇压敌对者一向是“欲加其罪，何患无词”的。可是他们在几次逮捕阿登纳时，都未以“分离主义者”作为他的罪名。新近发表的一些专题研究文章和有关著作，也证实阿登纳同分离主义没有干系。由此看来，阿登纳在这个历史问题上应该说是无可非议的。

至于1923年再一次出现的分裂莱茵兰的危机，那更是当时柏林中央政府掌权者目光短浅，企图作茧自缚的产物。这年年初，法国派军队进入鲁尔地区（Ruhrgebiet），强行自己动手采煤，运往法国，用以抵偿德国逾期未付的赔款。这种做法引起鲁尔居民强烈不满，一致进行“消极抵抗”。柏林中央政府暗中支持，并从财政上拨款补助生产陷于停顿的辖管鲁尔地区的莱茵兰。说是“消极抵抗”，实际上冲突非常激烈，流血事件不断发生，这就是历史上有名的“鲁尔斗争”（Ruhr-Kampf）。与此同时，德国货币急剧贬值。11月13日，继威廉·库诺（Wilhelm Cuno）上台任总理的德意志人民党（Deutsche Volkspartei）领袖古斯塔夫·施特雷泽曼（Gustav Stresemann）召集莱茵兰地区代表会商。他说：中央政府面临着“二者择一的绝望处境”，即要么继续大量拨款补助被占领下的莱茵兰，以致使刚刚发行的新货币“地产抵押马克”（Rentenmark）再次彻底崩溃；要么就“呼吁世界良知”，听凭法国去摆布莱茵兰。有鉴于此，他提出让莱茵兰“事实上”（de facto）但不是“法律上”（de jure）独立，就此征求大家的意见。阿登纳是与会代表之一，他当场坚决表示反对，指出如果中央从财政上切断同莱茵兰的联系，莱茵兰人将会感到被出卖了，是逼使他们投向法国。他还说：“即使地产抵押马克像纸马克一样彻底崩溃,中央也应给被占领地区大量拨款”,因为“莱茵兰毕竟比一种、两种或者甚至三种新货币更宝贵”。在阿登纳和其他与会代表的反对下,施特雷泽曼最后没有坚持己见。他后来承认说:多亏阿登纳陈述利害,晓以大义,使他收回了这个不免要铸成大错、追悔莫及的下策。

阿登纳当时才 40 岁出头,只是地方一级的政界领导人,在考虑错综复杂的与邻国关系问题和激烈的鲁尔斗争中,证明政治上见解确实高人一筹。他反对传统的大普鲁士德国民族主义,着眼于谋求同邻国取得和解,捐弃旧恨新仇,争取从根本上改善德法关系,为此他实事求是地主张满足邻国的合理安全要求。他在一次接见比利时社会民主党报纸《人民报》记者谈话中指出:“为了使法国和比利时一方同德国一方之间实现和平,有必要在这三个国家之间建立利益共同体。”他衷心希望战败后动乱不宁、面对凡尔赛条约现实处境困难异常的德国保住莱茵兰。他坚持原则,相机采取灵活处置,促使鲁尔动乱最后结束。可是尽管如此,后来还是有人揪住这个问题,总说他历史有污点。难怪阿登纳对此很生气,他在 1955 年向保罗·魏马尔说:“所谓我在 1919 年曾经策划莱茵兰脱离德国这个谎言,已经被驳斥过上百回了,但每次到竞选时都重新冒出来。而中央政府本身当年打算让莱茵兰和威斯特法伦的一部分分离出去,今天倒没有任何人谈起。”看来普天下都是一样:要使得别人正确了解自己,有时是很不那么容易的。

自埃玛去世后,阿登纳带着三个孩子和他的母亲,住进了自己花钱在市内马克斯-布鲁赫街(Max-Bruch-Straße)盖的新居。在难得的休假日里,他认识了邻居费迪南德·青塞尔(Ferdinand Zinsser)教授一家。教授是科隆有名的皮肤病专家，信福音教，有两个女儿。长女名洛特（Lotte），次女名奥古斯特（Auguste），又叫古西。古西当时25岁，爱好文学和音乐，嗓子好，念过科隆高等音专，专学提琴。她很喜欢邻居阿登纳家的三个孩子，经常领他们到家里来玩。阿登纳和古西相识后，不时在花园篱笆旁谈种菜和栽花，喁喁私语，感情日趋融洽，终于两相属意。教授夫妇为小女儿担心，因为阿登纳比她大18岁，况且不属同一教派。但古西决心已定，情愿改宗天主教。阿登纳同古西于1919年9月25日结婚，几年后古西向别人说："有时候我真希望康拉德当个园艺师。"

阿登纳的这门亲事，还意想不到地使他在30年后担任联邦总理处理政务期间将有一位重要的姻亲：古西的叔父格奥尔格在美国经商，其女埃伦（Ellen）1930年跟一个名叫约翰·麦克洛伊（John McCloy）的美国人结婚。麦克洛伊当时在纽约当律师，20年后，即1950年，被任命为美国驻德占区高级专员。

阿登纳的三个孩子一向对邻居古西姑娘有好感，可现在突然要认古西做"母亲"，却不那么容易。科科当时13岁，他觉得古西比自己"也大不了多少，我还看见过她背着书包上学校哪"。由于古西待孩子一片深情，并关心备至，终于赢得了孩子的心。古西自己婚后生了三男二女。长子费迪南德出生时难产，只活了几天。下面四个孩子是保罗、洛特、利贝特和格奥尔格即朔尔施（Schorsch）。

1919年7月31日，国民议会在魏玛通过了宪法。成立伊始的魏玛共和国举步维艰，除分离主义和莱茵兰运动及鲁尔斗争外，还面临着履行凡尔赛条约过程中遇到的种种困难、革命带来的动荡、饥饿、右派势力暴乱、通货膨胀、政局不稳定和政府在短时期内一再更迭。阿登纳就是在这样的历史形势下，有计划地着手开展市政工作的。他乐观，雄心勃勃，凭着坚强的毅力和实干精神，决心把科隆建设成为“全莱茵兰最大、实力最雄厚和最美丽的城市”，同时本着“德国今后应当多面向西方”的想法，使科隆成为“德国与西方进行贸易和交往的中心”。

一座大城市不可以没有培养人才和体现学术水平的综合性高等学府。科隆这时没有大学，1388年建立的科隆大学早已于1797年因故停办。阿登纳任市长后，动员各方面热心教育事业的人士，在原有高等商业专科学校的基础上筹建起科隆大学，于1919年6月12日开学。

对阿登纳说来，环境保护绝不是什么新鲜事情，至少不是直到20世纪60年代才开始给予重视的问题。早在20年代初，他就决定平毁科隆市区四周的要塞，辟建成长20公里、平均宽1公里的环城绿化地带，即他所说的“绿色之肺”(Grüne Lungen)。这项工程也有利于安排失业者，以工代赈。他的这一做法剥夺了一些业主的土地，遭到他们的反对，连中央党内也有人表示不满。但阿登纳坚持自己的意见，他说：“一定要把市民从街巷中解放出来。我知道，做成一件好事必须进行斗争。”他的计划终于实现了，并把这项工程看成是自己为科隆作出的最大贡献。直到今天，科隆市民还亲切地管这条绿化地带叫“科隆之肺”(Kölner Lungen)。

阿登纳还制定规划，利用市郊空地辟置果园，大兴由政府资助的公共住房建设。他告诉一个教士说：“在住房面积狭小的条件下，切实遵守‘十诫’无从谈起。”他非常重视开展体育运动，将体育运动比喻为“德国人民的临床医生”。在他的倡导下，科隆修建了全德国第一所现代大型运动场。为了促进经济，莱茵河右岸多伊茨(Deutz)盖起了宏伟的科隆展览馆，扩建了莱茵码头，稍后又在米尔海姆(Mühlheim)附近新造了莱茵河大桥。他还采取措施，吸引福特公司和一系列国内外企业来科隆办厂。后来，在他再度当选市长任内，他还计划修建了科隆至波恩的高速公路，这是德国第一条高速公路。许多人至今以为高速公路是希特勒的创造发明，其实却是阿登纳的首倡。

1924 年 5 月，弗里德里希·艾伯特(Friedrich Ebert)总统莅临科隆，为科隆展览馆落成后首届展览会开幕剪彩。次年 5 月 16 日，科隆举行盛会，隆重庆祝莱茵兰归属德国 1 000 周年。1926 年 1 月 31 日英国占领军撤出科隆，两个月后，保罗·冯·兴登堡(Paul von Hindenburg)总统来科隆访问。1928 年 5 月 12 日，首届世界报刊展览会即有名的“普列莎”(PRESSA)在科隆开幕。

同一期间，阿登纳也积极致力于德法谅解，通过各种渠道，先后与法国总理雷蒙·普安卡雷(Raymond Poincaré)和爱德华·埃里奥(Edouard Herriot)接触。但由于具体历史条件还不成熟，加以热心为此奔走的主要斡旋人莱茵兰“煤炭大王”胡戈·施廷内斯(Hugo Stinnes)旋即死去，因此阿登纳利用莱茵兰为德法两国关系架桥的设想卒未实现，有待第二次世界大战结束之后再次作出努力。

阿登纳在 1917 年 9 月当选科隆市市长后，按照当时的规定即可进入普鲁士贵族院(Herrenhaus)，次年 2 月起他成为贵族院终身议员。3 年后，1921 年 5 月 9 日，他又当选为普鲁士参议院议长，任期 12 年。由于担任科隆市市长政绩显著，他已是引人瞩目的地方政界领导人，加上拥有普鲁士参议院议长这一资历，所以他在20年代中几次成为人们属意出任德国总理的人选，其中特别明显的一次是在1926年。

这年5月，汉斯·路德(Hans Luther)内阁倒台，阿登纳接到提名担任德国总理去首都磋商的邀请信，据说连正式委任状也已准备妥当。但是，阿登纳到达柏林后，经过同社会民主党、中央党及德意志人民党三党领袖商谈，终于决定不接受这一提名。主要原因在于，他对当时德国执行的对外政策有着原则性的分歧见解，不同意1922年4月6日与苏联签订《拉巴洛条约》(Rapallo Vertrag)取得和解的做法。他跟施特雷泽曼前几年为莱茵兰问题已经有过重大争执。他认为施特雷泽曼是普鲁士人，有心继承俾斯麦的一贯思想，坚持执行以德国作为处在东方和西方之间的“当中之国”(Staat der Mitte)的政策，指望通过同苏联达成协议，以打消人们认为德国一味瞩目西方的看法。这就是当时人们所说的“东方洛迦诺”(Ost-Locarno)。阿登纳认为这种想法和做法极端错误，他断然反对搞这种“跷跷板政策”(Schaukelpolitik)，正如他在40年后联系德国重新统一问题回忆自己当时持此见解所指出的：“我的政策基本一条是加入西方，决不在东方和西方之间搞跷跷板政策，而是坚定地同西方结合在一起……没有让拉巴洛幽灵卷土重来。”除此以外，阿登纳也可能考虑到，按照魏玛宪法第四十二条关于权力划分的规定，更强有力掌握大权的是德国总统而不是德国总理。总之，经过磋商接触，他感到自己不可能指望得到国会中的多数支持，所以他决定打道回科隆，仍旧去当他的市长。

1928年5月，阿登纳还曾有过一次接替已改就德国总理的奥托·布劳恩(Otto Braun),出任普鲁士总理的机会,他也没有为之动心。

在此前后,阿登纳也受到了科隆舆论界的猛烈抨击。有人批评他借举行庆祝活动搞排场,大肆“挥霍公款”,说他是“全德国最大手大脚花钱的市长”。有人批评他“专擅独断”,不讲民主,任意提高地产税和营业税,甚至不惜“联合共产党人”,推翻经市议会通过的在莱茵河上兴建拱形桥的决议,改为修悬桥(即米尔海姆大桥),还攻击他是“好大喜功的空想家”。也有人指出,他的大哥奥古斯特借科隆大学法学教授头衔,经常出面代表科隆市包揽讼诉,他的二哥汉斯是主教大教堂修士会成员,他的妹夫维利·苏特(Willi Suth)博士当市财政局长,说他们结成了“科隆阿登纳王朝”(Dynastie Adenauer in Köln)。

1929年12月17日,阿登纳仅以一票的多数(96票中获49票)再度当选科隆市市长。

19世纪20年代后期,德国国内形势渐次趋于好转。失业现象已基本上消灭,“杨格计划”(Young-Plan)有助于进一步活跃财政经济,开始呈现繁荣景象。协约国也发表声明,保证在1930年6月底全部撤走驻莱茵兰占领军。

但为时不长,1929年10月25日“黑色星期五”(Schwarzer Freitag)这一天,爆发了严重世界经济危机。德国甫刚一度出现的繁荣也迅即宣告结束,顿时货币贬值,物价猛涨,企业纷纷倒闭,成百万人失业,生计无着,政局动荡不定。在这种局势下,久已处心积虑夺取政权的纳粹党人乘机大肆活动。他们一方面进行蛊惑人心的宣传,用谎言骗取群众的信任。一方面大搞集会和街头列队行进,长统靴踏地响出强劲的步伐声和呼叫震耳的口号声，以迎合许多人崇拜迷信权力、寄望于强者领导的思想。而民主力量则因政治上缺乏远见，对纳粹分子的危害性和活动能量估计不足，特别是囿于党派之见，陷入纷争而不能团结一致，共同对敌。未过多久，德国现代史上最不幸的时期即纳粹统治时期开始了。

第四章　横遭纳粹政权迫害

对于法西斯主义的危害性和纳粹分子的残暴嗜血，阿登纳同样缺乏应有的警惕，估计不足。就在希特勒攫取政权前一年，阿登纳还认为，可以让纳粹党人参加中央政府，通过这一做法“拔掉纳粹党人的毒牙”。这和当时许多中央党人士主张吸收纳粹分子参加政府，借以“驯化”纳粹分子的想法如出一辙。

1933 年 1 月 30 日希特勒上台，任德国总理。不到几天，纳粹分子就要求解散普鲁士邦议会，目的是好在这个全国最大的邦掌握多数。按照当时宪法有关规定，解散普鲁士邦议会需经由普鲁士总理、普鲁士议院议长和普鲁士参议院议长组成的“三人领导小组”(Drei-Männer-Gremium)开会讨论决定。阿登纳以普鲁士参议院议长身份出席开会，普鲁士总理因故没有到场，却来了加入希特勒内阁任副总理的弗兰茨·冯·巴本(Franz von Papen，中央党人)，并且自称是“负责普鲁士事务的中央专员”(Reichskommissar für Preußen)。阿登纳当场指出这样做违反宪法，因为“不论根据德国宪法或普鲁士邦宪法,都不存在什么负责普鲁士事务的中央专员”。他坚决表示不同意解散邦议院,甚至会后还向设在莱比锡(Leipzig)的国家法院告上一状,指控冯·巴本自封为“负责普鲁士事务的中央专员”,侵犯普鲁士的利益。阿登纳哪里知道,纳粹分子是根本不讲任何道理的。尽管他不同意,邦议会还是被解散,他自己徒然为此而招来纳粹记恨。

随后不久,阿登纳同纳粹分子再次发生直接冲突,这次冲突地点在科隆。2 月 13 日,希特勒通知要亲临科隆,出席群众集会。为定于 3 月 5 日即将举行的国会大选发表竞选讲话。阿登纳考虑,希特勒并不是以德国总理的身份、而是以纳粹党主席身份来科隆,用不着他当市长的亲自出面,只派了一名副市长去机场迎接。另外,阿登纳还叫人把冲锋队员挂在科隆—多伊茨莱茵河桥头的两面巨幅纳粹“卐”字旗摘除,理由是挂旗事先未呈请市政厅批准,希特勒讲话的会场设在展览馆,只许在展览馆悬挂纳粹党党旗。这一切当然更加激怒了新当权者。

究竟是什么动机促使阿登纳这样吃了豹子胆,公然顶撞纳粹呢?也许是出于他多年担任普鲁士参议院议长和科隆市市长的尊严,感到不容别人触犯。也许是他认为希特勒来科隆目的在于同他的中央党竞争,而科隆地区当时还是中央党的天下,纳粹党势力很小,因此他存心不卖希特勒的账。由此可以看出,一方面是阿登纳对纳粹分子的横蛮凶恶估计不足,另一方面,更主要的是,阿登纳秉性刚直,对新当权者没有好感,坚持按原则办事。

3 月 5 日,纳粹党及其盟友德意志民族人民党(Deutschnationale Volkspartei)在国会大选中获胜,赢得绝对多数票。就在这一天,阿登纳被宣布为“人民敌人”和“罪犯”,6 名冲锋队员闯进他在马克斯—布鲁赫街的寓所，声称对他采取“保护，以免因人民愤怒而遭不测”。纳粹分子还对他施加压力，暗示只要他主动辞去市长职务，可以考虑发给他退休金。但阿登纳严词拒绝。

一星期后，3月12日，接着举行地方议会选举。选举前一天，科隆市警察局长还向阿登纳表示：万一情况危险，随时可以来警察局躲避，警务人员将“坚决保护”他，“直到最后一个人”。然而，就在当天夜里，阿登纳风闻有人扬言第二天要在办公室逮捕他，请求警察局长采取措施保护时，得到的回答却是“可惜无能为力”。纳粹党得势后，许多人都随风倒，毫无原则地向强者屈膝，即便在天主教和中央党一向占优势的科隆也是如此。在不到一个月前的狂欢节会上，还有不计其数的人向阿登纳市长欢呼鼓掌，现在已几乎没有谁再理睬他了，甚至对他避之唯恐不及。据阿登纳的女儿洛特回忆说：当时“科隆市公共汽车上贴了‘赶走阿登纳’的标语，熟人碰到我们都背转身去瞧橱窗，只当没有看见我们”。阿登纳后来谈到这一点时，深有感触地说：“要了解人和不鄙视人是很难的。”

阿登纳不肯就此罢休。他自信行事合理合法，并无过错，不应该遭到如此不公正对待，他要伸张正义。地方议会选举后翌日，星期天清晨，他趁“保护他”的冲锋队员还高卧未起，悄悄潜出寓所，乘坐挚友、科隆银行家罗贝特·普费尔德门格斯（Robert Pferdmenges）提供的汽车，直驶多特蒙德（Dortmund），接着改乘火车抵达柏林。他去找当时任普鲁士内政部长的戈林（Hermann Göring），向戈林提出申诉，抗议毫无理由对他施加强暴。这当然不会有任何帮助。在同一时刻，纳粹党科隆区领袖已向在市政厅前列队游行的冲锋队员宣布：阿登纳因“叛国”和“挥霍公款”，着即撤去市长职务。戈林也下令革除“对国家不可靠”和“严重失职”的阿登纳的公务人员身份，永不叙用，并驱逐出科隆行政专区。

阿登纳领不到退休金，私人银行存款被冻结，市长薪水不用说也已停发。他只身待在柏林原来自己担任普鲁士参议院议长的邸宅里，为个人前途担忧，为留在科隆的家小的安全和生计担忧，一筹莫展。这时，出乎他的意料之外，一位同他并无深交的科隆市工厂主、当时住在布鲁塞尔的美籍犹太人丹尼尔·N.海涅曼(Daniel N. Heinemann)前来看他，并解囊相助，借给他 10 000 马克现钞，一不要他写借据，二不要他提供任何保证，并且说：“我知道我的钱摆在您手里会获得厚利的。”海涅曼的这笔钱帮助阿登纳解了燃眉之急。

后来，第二年春天，阿登纳住在柏林新巴贝尔斯贝格(Neubabelsberg)，还接待过另一位犹太人来访，即已退休的法兰克福(Frankfurt)大学教授克劳斯。教授的女儿赫尔塔·克劳斯(Hertha Kraus)博士几年前经社会民主党提名，由阿登纳市长任命为科隆市局长，已于 1933 年 1 月后流亡美国。现在教授本人也将去美国，特来向阿登纳辞行，并主动提出愿将自己的一笔存款赠送给阿登纳。阿登纳表示感谢，但没有接受赠款。阿登纳后来在回忆录中写道：“我当科隆市市长时有过许多朋友。海涅曼和克劳斯教授是我在被撤职后向我提供帮助的仅有的两个人。”1956 年 6 月阿登纳任联邦总理后第二次访问美国，抵纽约后，立即驱车去市郊看望了住在该地的海涅曼。

阿登纳感到待在柏林不安全，家小要来看他也很不方便，想找个地方藏起来。1933 年 4 月底，他躲进了早年中学同窗伊尔德丰斯·

赫尔维根任院长的马利亚拉赫修道院，妻子和子女经常来修道院看他。不过按照教团规定妇女不可以进入院内，所以每次都是由他出来，在近旁的树林中跟妻子相会。平时他几乎整天利用修道院藏书丰富的书斋看书，主要是看历史著作，特别是罗马史和艺术史专著，同时悉心研究荷兰画家伦勃朗(Rembrandt)。

阿登纳在修道院里藏了10个月，终于还是被纳粹分子知道了。为了不给修道院和院长本人增添麻烦，再说长时间离开妻子儿女也很难受，他想好歹应当同他们待在一起过日子。于是他告别修道院，跟家小会合，于1934年初仍旧来到柏林，在新巴贝尔斯贝格租了房子住下来。住了没多久，发生了所谓的"罗姆暴乱"(Röhm-Putsch)。6月30日傍晚，阿登纳正在园子里浇花，秘密警察闯进来逮捕了他，将他押上汽车带走。他很清楚，自己跟罗姆一伙人没有任何联系。但他担心有"试图逃跑被击毙"(erschossen auf der Flucht)的危险，因为尽人皆知，这是纳粹分子执行秘密处决掩人耳目的惯用语。秘密警察将他带走后不久，古西和孩子们听到响起一阵枪声："这是枪杀冯·施来歇尔及其妻子，他们就住在离此不远的地方。"库特·冯·施来歇尔(Kurt von Schleicher)将军曾任德国总理，此时退休居家，夫妻不幸遭此毒手。希特勒利用剪除罗姆一伙的机会，就势消灭自己的冤家对头。

阿登纳被带到警察局，一连三天受审，关在底楼。底楼下面就是处决室，枪声阵阵传入他的耳中。不过他总算活着被放了出来，没有说明究竟为什么逮捕他。直到后来他才听说，希特勒看到人杀得差不多了，下了命令：停止报复和逮捕，查无实据的在押对象概予释放。通过这次事件，阿登纳意识到自己的处境非常危险，从此他不待在家里，而是到外面四处飘泊，不断变换住地。经过较长一段时间后，他才来到莱茵河畔小村勒恩多夫，在这里租了一所房子，同家小团聚。房子坐落在山坡一侧，出门几步路远就是树林。

过了没多久，阿登纳又一次被宣布逐出科隆行政专区，他只好重新外出过流浪生活。后来，总算在距离勒恩多夫不远，位于巴特亨内夫南面的莱茵河旁小镇乌恩克尔（Unkel）找到了一个地方栖身。乌恩克尔属于科布伦茨行政专区，家小几乎天天都可以来看他。这时候阿登纳已是快60岁的人了。想到两年多来颠沛流离的苦楚，一度落进秘密警察魔掌饱受虚惊，成日里东躲西藏，不能同家小在一起过安定生活，反倒叫他们为自己担惊受怕，特别是眼看形势多凶，前途未卜，他心中十分难过，苦闷消沉。后来他回忆说：1935年11月19日忏悔节那天，从早到晚大雨倾盆，莱茵河河水暴涨，天空灰蒙蒙一片，四下里看不到半点光明。他自己的处境也同样如此，市长职务被撤销，全家生活没有保障，人民遭到愚弄欺骗，个人和国家的前途都令人绝望。就在这个时候，他偶然读了约瑟夫·康拉德（Josef Conrad）的《台风》（*Taifum*），小说中的主人公船长同风暴进行勇敢搏斗，完全凭着无比的毅力、顽强和耐心，咬紧牙关坚持，最后终于经受住了考验，战胜台风脱险。他承认是船长的榜样激励了他，使他获得了新的勇气。

经过这一连串切身不幸遭遇，阿登纳对纳粹的本质和危害性也开始有了较深刻的认识。他回顾魏玛共和国成立以来国内的情况，寻找了纳粹之所以得势并终于上台掌权的原因。同时他也注意到西方国家对希特勒一再让步，认为这是“纵容希特勒猖狂”。此后不久，这个独裁者气焰愈加嚣张，派军队进驻莱茵兰非军事区，在柏林奥运会上受到欢呼鼓掌，签订《慕尼黑协定》（Münchner Abkommen）并吞捷克斯洛伐克。这些事实使阿登纳感到愤慨,他指出这是咎在“西方国家愚蠢”,“尽管并非出于故意”,但“从政治上说故意和愚蠢是同一回事……其后果都是犯罪”。他“在当时就担心,一直担心势必要爆发一场可怕的世界大战,如果西方国家不及时采取行动制止希特勒的话”。

经过大哥奥古斯特多方奔走申诉,纳粹当局终于同意撤销对阿登纳的驱逐令。1937 年 8 月,阿登纳领到了补发给他的退休金和折价发还他在科隆市被抄没的房产。他决定在勒恩多夫定居,用这笔钱在龙岩近旁山坡上盖了一幢房子,即岑尼希斯路 8a 号,后来几经改修扩建,成为今天众所周知的联邦总理阿登纳纪念馆。

阿登纳跟家小团聚后,完全过着普通平民的生活,虽然年纪大了,但并不闲居度日,他要找事做。除一般家务和教育子女外,他还自己动手经营新居旁的园子,下山搬运石头给园子垒墙铺路,平整土地种树栽花——顺便提一下,阿登纳后来在晚年时曾向友人指出:有关他“以精心培育玫瑰出名”的说法“纯属误传”,“我从来不培育玫瑰。培育玫瑰不但枯燥乏味,而且费钱。我是种玫瑰和护理玫瑰,但不单是玫瑰,也种许多别的花草”。他家的园子既供观赏,又种有蔬菜水果供自己食用。他为双手长满老茧欣慰,感到其中自有乐趣。另外就是搞创造发明,这几年中,阿登纳的主要发明有“电动杀虫器”、“改良式电动烘面包机”、“喷壶莲蓬头”等。他还正式申请过一项关于“防止因生火产生废气、煤炱等污染空气的方法和装置”的专利。

在此期间,纳粹分子也忙于自己的事情:继吞并捷克斯洛伐克后进攻波兰，全面发动第二次世界大战，“闪电战”(Blitzkrieg)的初期胜利，西线的告捷，执行“巴巴罗萨方案”(Fall Barbarossa)入侵苏联，灭绝犹太人，斯大林格勒败绩等等。他们可算够忙的了，看来因此没有再来找阿登纳的麻烦。而阿登纳对现实政治也抱着完全置身事外的态度。他既不过问(也不可能过问)纳粹政治，也不打算离开德国。有人劝他到国外去，他不作考虑，他的想法是：“不论发生什么事情，好歹都同自己的家小和人民待在一起。”

事实证明，纳粹分子果然没有忘记阿登纳。1944 年 8 月 23 日，他再次被捕——秘密警察事前几天来抄过家，搜查书籍和文件，他书房里的橱柜都被查封，关进科隆多伊茨展览馆“收容所”(Auffangenlager)，即秘密警察临时设立的牢房。这一次问题严重得多：怀疑他参与德国国内抵抗运动在这年 7 月 20 日发动的“谋害领袖”即刺杀希特勒事件，或者至少是这一事件的知情人。

实际上这完全是纳粹分子疑神疑鬼，肆意滥捕迫害无辜者。阿登纳根本没有参加、也不想参加国内抵抗运动，他不相信抵抗小组成员能严守秘密干成大事。尤其是他认为，靠国内力量推翻不了希特勒，要推翻希特勒“只能靠外来因素加上德国在军事上彻底失败”。正因为这样，所以共产党科隆地区中莱茵地下运动组织领导人卡尔·默维斯(Karl Mewis)、天主教工会组织抵抗运动负责人雅科布·凯泽(Jakob Kaiser)及以莱比锡市市长卡尔·弗里德里希·格德勒(Carl Friedrich Goerdeler)为首的抵抗运动小组先后直接或间接找阿登纳谈话，劝说他参加抵抗运动，他都予以谢绝。另外，他也知道自己处在纳粹当局严密监视之下(勒恩多夫邮政代办所一职员在向本村教堂神父作忏悔中，透露出阿登纳家的电话和邮件都受到窃听检查,神父趁古西作忏悔时将此情况密告了古西)。总之,阿登纳不主张“冒险盲动”。后来有一次他说,他并不是怕死鬼,但他不自己找死,他决不给自己造成“不是鱼死就是网破的绝境”。他承认“不想当烈士”。

由于案情重大,要想再像10年前那次一样,关押几天就放出来,是不可能的了。而且,要不是多亏遇到一个名叫欧根·赞德尔(Eugen Zandel)的人好心相助,很可能阿登纳已被转送进九死一生、有去无回的纳粹“灭绝营”——数以百万计的人就是在灭绝营被残酷加以杀害的。

赞德尔年轻时是“属于理想主义者类型”的共产党员,在科隆市园林局当过职员,认识市长阿登纳。他以共产党罪名于九年前入狱,这时也待在这个“收容所”里,不过是俗话所说的“犯人头”,即管犯人的犯人。他发现阿登纳市长被关在一处臭虫成堆的棚房里,“面色苍白,眼睑红肿,严重失眠”,便设法把阿登纳安排到他自己待的房间里,跟他住在一起,仍口口声声称阿登纳“市长先生”。他们俩经常作竟夜之谈,在交谈中,阿登纳向赞德尔分析了自己对未来政治形势的看法:“美国同俄国之间勉强的结盟到时候将会瓦解……世界将分为一个民主的和一个共产主义的实力集团。战败的德国这一次要终于作出抉择是拥护西方还是拥护东方,如果德国不想夹在世界强国的磨盘当中被碾成齑粉的话。”他还对赞德尔说:“告诉你,欧根,我原来一直是软心肠和敏感的人,但经过同人打交道,我变得心肠很硬了。”

赞德尔是“犯人头”,有机会进入“收容所”的秘密警察办公室。有一天,他在办公室无意中看见一份在押对象的名单,上面有阿登纳的名字,这些对象第二天就要被运走,按惯例是送往布痕瓦尔德

(Buchenwald)灭绝营。赞德尔立即把这个情况告诉了阿登纳，两人商量对策，决定让阿登纳装病，由赞德尔串通另一个本人同属在押犯的医生、波恩矫形外科大夫阿道夫·里夏茨(Adolf Richarz)，当着其他一些犯人的面，给阿登纳"看病检查，诊断结果"是"心脏病严重发作，需立即送医院就诊"。于是，阿登纳在当天下午被送进一家医院，临别时他握着赞德尔的手说："我决不会忘记你的，欧根。"

阿登纳待在医院里仍旧感到很危险，决定找机会逃走。经妻子古西奔走设法，过了几天，一位军官驾驶汽车来到医院，向院方出示武装部队最高统帅部(Oberkommando der Wehrmacht—OKW)空军少校汉斯·施利布施(Hans Schliebusch)的军人身份证，声称：奉令提康拉德·阿登纳，"押往"柏林"受审"。这样，阿登纳离开了医院，逃到科隆东南六十多公里外偏僻乡村威斯特瓦尔德(Westwald)，化名韦贝尔博士(Dr. Weber)，住进了当地的"尼斯特米勒"(Nister Mühle)旅店。

秘密警察发现阿登纳从医院里逃走了，便在9月24日到勒恩多夫逮捕了古西，问古西要人，并且扬言还要把她的两个女儿抓走，将她们同监牢里的在押妓女关在一起。古西经不起威逼，供出了丈夫的隐藏地点，阿登纳因此重又落入秘密警察的魔掌。协助阿登纳逃跑的施利布施少校同时被捕，甚至少校的儿子也遭株连——罪名是"图谋瓦解国防力量"。后来少校父子俩趁盟军空袭科隆时，混乱中逃出监狱，但不幸都在战争快结束前害斑疹伤寒死去。

1944年9月25日，阿登纳和古西同时被关进科隆西郊布劳魏勒(Brauweiler)秘密警察监狱，不过他俩相互间并不知道。这一天是他们夫妇的银婚纪念日，但给阿登纳留下记忆的，却是自己同胞在监狱里遭受纳粹摧残发出的惨叫："听到这种惨叫声，有时一连几个钟头不绝，真是可怕。这些秘密警察分子丧尽了天良人性。"后来他了解到，当时跟他一道被关在这所监狱里的60个人中，有27人被绞死，1人被枪决。

古西在狱中患血毒，先被放出来。阿登纳自己被关了两个月，经过儿子和女儿多方找人营救，特别是当军官的二儿子马克斯上柏林秘密警察总部直接申诉，阿登纳才于11月26日他的"本名沾礼日"这天获释出狱。正如他在自己首卷《回忆录》中一开始所记述的：他没有讨回进监狱时被命令交出去的身上所有的东西，没有系领带，没有鞋带，没有裤背带，立即开路。先到熟人西恩（Sinn）家稍事休息，随后由西恩兄弟用货车送他回勒恩多夫，由于途中遇上莱茵河发大水，不得不绕道七山和巴特亨内夫，很晚才抵达家里。

是什么原因使得阿登纳两次被秘密警察逮捕而终能活着放出来呢？或者说纳粹为何最后没有杀阿登纳呢？诚然，阿登纳与国内抵抗运动确实没有任何联系，跟"7月20日"事件毫不相干，马克斯在柏林秘密警察总部申诉的经过说明了这一点，当马克斯要求总部审查父亲的案情时，总部人员回答说他们根本不知道已为阿登纳立案，无卷可查。经马克斯再三说明原委后，他们去总部地下避弹室材料库房进行了查找，告诉马克斯说找到了阿登纳的案卷，仔细看过，未发现有问题，可以尽快予以释放。不过，除此以外，从阿尔贝特·施佩尔（Albert Speer）战后所作的回忆中，似乎还可看出另一点耐人寻味的线索。施佩尔先后当过纳粹德国中央武器弹药部长及中央军备和作战物资生产部长，很受希特勒倚重，经常有机会接近希特勒，战后经盟国纽伦堡军事法庭判处20年徒刑，在西柏林施潘道监狱服刑期间,写成《施潘道日记》(*Spandauer Tagebücher*)一书,于 1975 年出版。施佩尔在 1949 年 10 月 24 日的日记中写道:前科隆市市长阿登纳出任新西德政府首脑,我还记得大约是 1936 年,希特勒在纽伦堡"德意志"饭店(Deutscher Hof)喝茶时称他是"一个干才";话题是从如何当好市长谈起的,希特勒说"阿登纳执拗而有远见,建成了科隆绿化地带,吸引大企业主到科隆办厂,在莱茵河右岸兴建起无与伦比的独一无二的展览馆",他"至今还钦佩阿登纳不怕城市负债累累的远大眼光和勇气,同大兴市政建设工程相比,区区几百万欠债算得了什么?"他"感到遗憾的是没法把阿登纳拉过来,因为这个人政治上不明智"。这是迄今见到的唯一一名前纳粹要员谈到希特勒本人对阿登纳作出的评语。施佩尔的这一记述本身是否属实,它是否对阿登纳幸免于死起了作用和起了多大的作用,我们均不得而知,权且附记在这里供读者思考。

1944 年底 1945 年初,希特勒的军队在"阿登攻势"(Ardennenoffensive)中败绩,此后盟军加快了进军速度。阿登纳关心盟军的战况,经常从无线电中悄悄收听盟军电台广播的消息。1945 年 3 月初,美国军队抵达距离勒恩多夫南面不远的雷马根(Remagen),强攻雷马根大桥渡莱茵河,激战中阿登纳的房屋和花园中了几颗炮弹,他们一家老小躲在地窖里。就在这样危险的情况下,阿登纳还收留了四名从集中营里逃出来急于找地方躲藏的素不相识的法国战俘,拿出家中仅有的少量食品和饮水分给他们,大家共幸没有任何伤亡。直到 3 月 8 日,美军坦克出现在勒恩多夫村头。

8 天后,一辆军用吉普停在岑尼希斯路 8a 号门前,从车上跳下来两个美国人，他们是来征求阿登纳的意见，请他再次去科隆当市长的。阿登纳表示同意，不过考虑到这时德国好多地区战争还没有结束，他有三个孩子还在前线，他请美国人暂时保密，只让他以美军顾问名义参加工作，不向外正式宣布市长任命。

第五章 “低头，深深地低头，但并不绝望”

阿登纳随美国人乘坐吉普车来到12年前他被纳粹撤去市长职务的科隆，这座早先的莱茵兰最大城市已经叫人认不出来了。近6万幢房屋半数以上完全被毁，保存完好的寥寥无几。战前全市78万居民中，剩下几乎不到二十分之一。莱茵河上的大桥变成了一摊摊废铁。市区遍地瓦砾，满目疮痍，而且这时莱茵河右岸战争还未停止，困难之大可想而知。但是阿登纳并不气馁，他意识到面临任务的重大历史意义，美国人如此器重他，把他列为“白名单(Weiße Liste)上第一号人物”，下车伊始就委他以重任。虽然自己已近70高龄，但他有决心为自己的同胞效力，为科隆市民效力，把担子挑起来，做好工作。

他在幸免于炮火和炸弹的科隆联合保险公司灰色楼房里办公，没有任何经费，缺粮食，缺运输工具，缺取暖用煤和一应什物，尤其是缺少干练的办事人手。但他有满腔热情和充沛干劲，心中有明确打算，按照事情的轻重缓急分别作出安排，有条不紊地着手进行。阿登纳首先想到的是人,战争甫将结束,他就派出汽车和专人前往布痕瓦尔德、达豪(Dahau)和特雷西恩施塔特(Tresienstadt)等处集中营,想尽快接回幸免于难的科隆囚徒,其中包括欧根·赞德尔。赞德尔本人也被纳粹押解去布痕瓦尔德,总算活了下来,回乡后住在科隆市郊。1954 年 2 月 3 日,阿登纳在写给儿子马克斯的信中还提到:“赞德尔就是当年在收容所里的那个犯人头,多亏他救了我的性命。”

阿登纳组织人手抢修莱茵河上大桥,清除弹片瓦砾,俾便战争中疏散下乡的市民回来。他还派得力人员运回保存在南德霍亨索伦堡(Burg Hohenzollern)的科隆人引为骄傲的“科隆画派”(Kölner Schule)名画。鉴于当时社会秩序混乱,为防止发生意外,他特地叫人用市殡仪馆的尸车装运,使这批价值连城的艺术珍品在途中没有遭受任何损失。在进行艰苦恢复工作的同时,阿登纳也开始考虑重建科隆的计划。1945 年 10 月 1 日,经占领军军政府任命组成的科隆市议会开会,他以市长身份在会上讲了话,号召各界市民正视困难,明确责任,坚定信心,提出批评和建议,齐心协力恢复和重建科隆。他语重心长地呼吁勉励与会人士说:“低头,深深地低头,但是,女士们,先生们,我们并不绝望!”这句名言一时成了激励人们医治战争创伤的重要动力。

3 个多月前,盟国就对德分区占领的境界作了调整和最终划定。6 月 21 日美国人撤出科隆,科隆地区改由英国占领。阿登纳原来同美国人一直合作得很协调,自从英国人来到后,他感到工作愈来愈困难,但不知道原因何在。10 月 6 日,驻莱茵兰军事长官英军旅长约翰·巴拉克罗(John Barraclough)召见阿登纳,以“不称职”为理由,宣布撤去阿登纳的市长职务，限定他于8天之内离开科隆，并且不准他“直接或间接从事任何形式的政治活动”，否则将他送交“军事审判”。英国人对阿登纳不满的直接原因，一是他不同意占领军方面主张的将他心爱的环城绿化地带树木砍下来当柴烧，反而提议由占领军拨出部分没收的存煤分给市民取暖。二是阿登纳在前一天（10月5日）接见美国记者谈话中，对总的局势发表了看法，英国人怀疑他心向着美国人，对他存有戒心。另外，市议会中也有人对阿登纳不满，社会民主党人和共产党指责他是“中央党分子”，是“反动派”。但按一般情理分析，上述几点原因似乎不至于促使英国人对他作出如此严重的处理。阿登纳自己推测，他的撤职和重罚是社会民主党人串通伦敦英国工党当政者玩弄的政治阴谋。阿登纳小女儿利贝特·韦尔哈恩夫人后来听父亲说：他是由于社会民主党人搞阴谋而被撤职的，他也决定把这一看法“公开写进自己的回忆录”。阿登纳在首卷《回忆录》中写道：“英国人必然为了工党政府同德国社会民主党的友好，及由于我……与美国人政治上联系密切，而感到我对他们的政策不满。因此，禁止我从事一切政治活动也就不难理解了。”

多年以后，巴拉克罗旅长有一次应邀参加国宴，在宴会上见到联邦总理阿登纳，他问阿登纳当年被他宣布撤去市长职务时有何想法。阿登纳回答说：我想“我在家里已经有一份‘被纳粹撤职’的书面通知，现在我又有了一份‘被解放者撤职’的书面通知”。

实际上阿登纳当时的心情不用说必定十分沉重。他经受了纳粹的一再迫害，好不容易亲眼见到了纳粹政权的末日，得到美国人的信任，让他有机会重新来科隆当市长，为同胞尽力，为自己长年工作过的城市尽力。他不顾年迈，不怕困难，一心一意忙公务，妻子古西身害重病，他也很少照看，在工作中做出了可喜的成绩，想不到反而落得如此下场。特别使他感到难过的是撤职后人们对他的冷落，他在回忆录中感慨系之地写道：“朋友们由于害怕占领当局，都避开我。当我离开科隆时，没有任何人跟我说一声‘再见’。”

现在，阿登纳有时间照顾生病的妻子了（古西的病情此后曾一度好转，但不久再次恶化，医治无效，于 1947 年 3 月 3 日去世），不过更主要的还是考虑自己的事业和抱负。他想到眼下创伤遍地，百废待举，正是在德国历史上做出新的开端，建立事业的大好时机，用他自己的话说就是“政治多难特别有利于创新”。不许他进入科隆，他就寻找其他途径，寻找新的可能性。人们认为，从阿登纳不久后东山再起，直到担任联邦总理这段政治经历来看，他被英国人撤去科隆市市长职务，毋宁说倒是“因祸得福”。因为这么一来，使他能跳出地方行政工作的圈子，转而放大眼光从全局考虑问题，投身更广阔范围的政治活动。他在家里看报，收听广播，同友人交换对时局的看法，认真回顾德国近百年来历史变迁，总结经验教训。

这年年底前，经过一些英国政界人士说项，军政府撤销了不准阿登纳从事政治活动的禁令，邀请他参加经常在汉堡开会的英占区咨询议会（Zonenbeirat）。他选定以政党作为开展工作的关键，而且决心从地方一级做起。

希特勒发动的侵略战争在欧洲广大地区造成了灾难，也给德国本身带来了严重不幸。近 1 000 万德国人死去，平添了几百万伤残人员和孤儿寡妇，还有从战前德国东部领土上以及从过去习惯上德国人聚居的各地区逃来的数以百万计的“被逐难民”。工业生产已锐减为战前1938年的三分之一，食品供应极度匮乏，燃料严重不足。城市几成废墟，疾疫流行，婴儿发育不良，中小学生半数以上害肺结核。黑市猖獗，人心不齐，社会秩序混乱。德国全境被四大国分区占领，不再有统一的国家，不再有德国人自己掌权的政府。按照1944年9月魁北克（Quebec）会议期间考虑的“摩根索计划”（Morgenthau-Plan），人们在议论如何“动手术摘掉”鲁尔重工业区，使德国这片“工业心脏”所在地变为放牧的场所。

阿登纳从他的资产阶级世界观和政治见解出发深信，之所以会出现这场空前浩劫的民族灾难，归根到底原因在于“背离了基督教的根本价值观”，在于“德国本世纪初几十年中以及在纳粹时期达到高峰的物质主义世界观蔓延”，许多德国人只看重“现世”的物质方面的东西，从政治上说这些东西就是“权力”和“国家”。他指出，德国人民“所有各阶层”长时期来“都受一种错误的国家观、权力观和个人同国家的关系的见解”所毒害，“崇拜权力而蔑视个人价值”。他们“不懂得，纳粹主义正是将国家权力置于个人以及个人权利和平等之上的，及至他们认识到这一点时，已经无法挽救了”。他认为，“单单归咎于当权者、军方高级人士和大工业家是不对的”，“这些人当然完全负有责任……但广大人民阶层，农民、中产阶级、工人、知识分子都没有正确的思想观点”。他特别强调“广大人民阶层”负有责任，“纳粹主义要是在广大人民阶层中找不到适合它的毒苗生长的土壤，它是不可能在德国攫取政权的”。因此，阿登纳认为现在必须针对这一点着手，必须“重新以基督教的伦理原则取代溯源于唯物主义的原则”，同时建立“真正的民主政治”。基督教人生观认为最重要的“不是国家，而是人，是拥有上帝赋予的权利和价值的个人。国家必须尊重个人的权利和价值,给个人以自由发展的可能。人的尊严、人的价值和民主政治的基本权利不容许受到侵犯,既不容许国家权力侵犯,也不容许任何别的人或集体侵犯”。

阿登纳认为,所有这些根本原则,必须由一个强大的基督教政党奉为主张,为之奋斗,以求实现。依他之见,这个政党“应以来自各阶层和各种地位的人”作为自己的成员,包括“雇主和雇员、农民、中产阶级、公务人员、南方人和北方人、被逐难民”,尤其是“基督教新、旧两派教徒”。这也是阿登纳的一贯主张,早在1922年8月,他就以德国天主教徒代表大会主席的身份,呼吁天主教和福音教两教派基督徒“结成政治联盟”,“为实现公众生活中的基督教准则共同奋斗”。

阿登纳不是基督教民主联盟的创建人。他在回忆录中只提到:他于1945年9月作为基民盟代表之一,参加在巴特戈德斯贝格同社会民主党代表举行的两党会商,以及于1945年12月首次出席在巴德戈德斯贝格召开的基民盟“全国代表会议”。战争结束后,在德国的许多地方几乎同时出现了分散的自行成立的类似基民盟的组织,最初统称为“基督教人民运动”(Christliche Volksbewegung),其成员不少是原中央党人。当时最有影响的是柏林基民盟组织,其主要创建人为安德烈亚斯·赫尔默斯(Andreas Hermes),也是原中央党人,曾经当过德国中央农业和粮食部长及农民联合会主席,因与“七月二十日”事件主要成员格德勒有联系,被纳粹判处过死刑,很受人尊敬。但由于得不到苏联军政府同意,赫尔默斯未能出席此次基民盟全国代表会议。

在西方三占区中,英占区军政府最早允许政党在全占领区范围内开展活动，因此英占区的基民盟起了建党的作用。1946 年 1 月 22 和 23 两日，英占区各地基民盟组织代表首次在赫尔福德（Herford）开会，这是一次极为重要的会议。会议正要开始，代表们均已就座，只有主席的位子还空着，估计是代表们留给会议东道主弗里德里希·霍尔茨阿普费尔（Friedrich Holzapfel）坐的。阿登纳逮个方便，一屁股在这个位子上坐下来说："我生于 1876 年，大概是在座者中年纪最大的。如果诸位不反对，我就不客气地以元老主席自居了。"代表们感到很突然，有的虽然不高兴，一时也不好说什么。阿登纳就这样出其不意地玩弄小动作，一举掌握了领导权，主持会议，就有关建党的基本问题进行了讨论，并在会议结束时当选英占区基民盟首任主席。

当时，每个地方的基民盟组织都提出各自拟订的党纲。阿登纳白天忙着开会，夜里抽时间记下自己考虑的想法，同时广泛吸取别人的意见，着手制定基民盟的正式纲领。他认为，基民盟除成员必须容纳新、旧两教派基督徒和拥有广泛群众性基础外，还应强调公民的政治自由和宗教信仰自由，"以基督教关于人的尊严和个人价值的崇高思想，作为我们在我国人民政治、经济和文化生活中开展工作的基础和准绳"，确保"人人享受公正、同等权利和法律保护"，"多数没有挟制少数的无限权力，少数同样享有权利和担负义务"，"新国家应特别注意保护家庭和帮助人们服从上帝的旨意"。

同年 3 月 1 日，英占区基民盟委员会在内海姆—休斯滕（Neheim-Hüsten）开会，就有关纲领的基本问题进行充分审议。这时委员会成员中出现了原则性分歧，部分原中央党人表示他们无意同政治和宗教发生关系，声称他们的设想是建立一个"处在中间"的党。阿登纳认为振兴德国只能靠基督教精神，但他并不主张以宗教作为达到政治目的的手段，中央党成立于俾斯麦的文化斗争期间，当时确实旨在完成宗教任务，那是由具体历史条件决定的。经过阿登纳和其他与会者坚持不懈一再说服，许多原中央党重要成员终于赞成基民盟的主张，作出决议，通过了阿登纳提出的以“个人的自由”作为中心思想的纲领。

内海姆—休斯滕会议对经济方面的一些问题没有取得一致意见。阿登纳本人不熟悉经济，他只是考虑到旧德国的情况，主要从总结自己担任科隆市市长期间的实际管理经验出发，比较笼统地反对当时社会民主党提出的“国有化”和“计划经济”主张。他认为“一个国营企业中的工人或职员不会比待在私营企业里享有更多的权利和自由”。他还用嘲弄的口吻问自称为“基督教社会主义者”的约瑟夫·隆斯(Josef Löns)：“比方说德国铁路该算是地地道道的国营企业了吧，可您在乘火车时，有过自己是铁路的主人的感觉吗？”至于具体方针政策究竟应如何拟定，对此还没有把握。

然而，当时的形势是，广大的雇员群众在战后离开旧中央党转向基民盟，人们渴望建立一种全新的社会制度，要求将所有大企业收归国有，认为只要剥夺了导致希特勒上台和爆发世界经济危机的基础的垄断资本，就能消灭一切社会弊端的祸根。另外，当时英国是工党执政。这年10月，外交大臣欧内斯特·贝文(Ernest Bevin)在下院宣布对英占区鲁尔地区工业实行社会主义化。根据这项指令性方针，次年(1947年)2月3日，英占区基民盟委员会在威斯特法伦的阿伦(Ahlen)开会，讨论通过了基民盟的经济纲领，即通称的“阿伦纲领”(Ahlen-Programm)。纲领指出：“资本主义经济制度已经不符合德国人民的政治切身利益和社会切身利益。在作为罪恶的强权政治造成的后果政治、经济和社会总崩溃之后，只能建立一种全新的制度。这一新的社会和经济制度其内容和目的不能再是资本主义争权夺利，而只能是我国人民的幸福……我们主张对矿山实行社会化……大钢铁工业也应走社会化道路。”

阿登纳本人自然不主张社会化，他也不懂“社会市场经济”是怎么一回事。但他反对由国家垄断经济，认为“国家垄断经济像国家垄断政治一样具有危害性”。他考虑采取“经济权力分散的原则”，即“无论国家或个人或团体组织都不得拥有过分集中的经济权力”，主张“数量适中的财产是民主国家的基本保证。鼓励一切诚实的、进行创造性劳动的人取得数量适中的财产”，“人人都能获得财产，但谁也不得获取过量的财产”。这仿佛有点近似卢梭(Jean Jacques Rousseau)两百年前左右在《社会契约论》(*Die Grundregeln des allgemeinen Staatrechts*)中当成理想加以描绘的那种社会。阿登纳意识到，不少基民盟成员都有同社会民主党的社会化主张相接近的思想。但他也知道，农民和小业主等的地位都离不开私有财产，这些人反对剥夺私有财产。另一方面，企业家的积极性和经验才干也是发展国民经济所不可缺少的。因此，“阿伦纲领”提出，大企业应有“国家、州、乡镇、地方团体等公共组织、合作社以及在本企业中工作的雇员代表参加。应给不可或缺的企业主积极性留有必要的活动余地”。这样既满足了广大基民盟雇员群众的要求，也使企业主感到有奔头。此外纲领还规定，“企业雇员应有自己的代表参加监督机构例如企业监事会”。这实际上是最早提出了“共同决定”(Mitbestimmung)的原则。

可以看出,“阿伦纲领”是在当时具体形势下阿登纳作出让步的产物,它在实质上起到了阻止全盘社会化的作用。1947年6月,美国宣布采用“马援”帮助德国恢复经济,美占区重工业决定不改变所有制,随后阿登纳又采纳艾哈德的“社会市场经济”主张,将其正式写进党纲。因此“阿伦纲领”只执行了一年左右,以后便不再提及,但从来没有公开宣布加以修改或取消。

基民盟纲领的各项主张确保了党在首届联邦议院大选中取得胜利,主要包括:“以基督教伦理”为准则的“个人尊严、个人价值和自由”,“社会市场经济”,“雇主和雇员地位平等地参与领导和担负责任”,建立“国家资本和私人资本合营企业”(gemischtwirtschaftlicher Betrieb),帮助“被逐难民”和战争受害者,实行“明智的社会税收立法”,兴建住房等等。此外,过去中央党的纲领推崇“教会学校”(Bekenntnisschule),就是说教师和学生属于同一教派的学校。阿登纳却相反主张宁可提“父母权利”(Elternrecht),即不是由国家而是由父母决定如何教育自己的子女;子女或进教会学校,或进非教会学校,概由父母作主,国家无权干涉。他认为,“在经历过纳粹时期的遭遇以后,在苏占区内出现的种种情况之后,这个要求对我们来说特别具有重要意义”。基民盟的这一主张“打破了国家在教育子女问题上的影响”,所以受到选民的欢迎。与此相反,社会民主党认为,主张“父母权利”实质上“意味教会统治学校”,说“基督教会是压迫者……社会主义教育人们争取自由,教会则教育人们抛弃自由”。社会民主党主席库特·舒马赫(Kurt Schumacher)还谴责教会是“第五个占领政权”,声称社会民主党人“尊重教会,但不想让德国人民受第五个占领政权的奴役”。其实德国的许多普通居民，特别是莱茵和鲁尔地区广大矿工，历史上都深有体会：大部分教会人士和圣职人员本身均出身下层，他们在俾斯麦的文化斗争中始终站在弱者一边，甘冒自己受到残酷迫害的危险，为维护社会公正茹苦含辛。社会民主党不注意讲究策略，过分极端宣传指责教会，反而在群众中孤立了自己，帮了基民盟的忙。再有，广大妇女选民也投基民盟的票，因为基民盟主张“婚姻是男女共同生活的合法形式”，“婚姻是构成家庭的基础”。在当时，对生有两个孩子的工人妻子来说，婚姻是最重要的社会保险，教士有责任使妇女意识到这一点。社会民主党反对基民盟的这种婚姻观，因而也促使妇女选民纷纷投票拥护基民盟。

在此前后，国际形势发生了急剧变化。1947 年 3 月 12 日，美国总统杜鲁门(Henry S. Truman)宣布对共产主义实行“遏制”政策，即所谓“杜鲁门主义”(Truman-Doktrin)。战争期间结成的同盟终于破裂，东西方之间关系明显趋于恶化。6 月 5 日，美国国务卿马歇尔(Georg Marshall)提出“援助西欧方案”，此前召开的莫斯科四国外长会议和这年年底召开的伦敦外长会议相继失败。1948 年 2 月捷克斯洛伐克政府更迭，3 月 17 日西欧法、英、比、荷、卢五国签订《布鲁塞尔条约》(Brüsseler Pakt)，即“北大西洋公约组织”(NATO)的前身。6 月德国西、东占区分别各自实行币制改革以及苏联宣布封锁柏林西区(Berlin-Blockade)，形成了严重的“冷战”对峙局面。

1948 年 7 月 1 日，西方三占区军事长官在法兰克福授予西占区各州政府总理《法兰克福文件》(*Frankfurter Dokumente*)，提出建立西德国家的方针。按照文件精神，选举成立了包括各政党代表 65 人组成的“议会委员会”(Parlamentarischer Rat)，以阿登纳为主席，于同年9月1日起着手制定宪法。阿登纳以议会委员会主席身份同西方三国占领军事长官磋商有关问题，同时注意总结历史经验，特别是总结魏玛宪法的经验和沉痛教训，充分考虑西区各州的具体情况以及德国分裂的现实，和全体成员一道努力，终于在1949年5月8日德国无条件投降四周年这一天，通过了德意志联邦共和国宪法，通称“基本法”(Grundgesetz)。

两天后，议会委员会讨论联邦共和国首都设在何处的问题。西柏林不可能作为首都，这是毋庸争议的，讨论最后集中为两种意见。不少代表，特别是社会民主党代表主张定都法兰克福。他们的理由是，法兰克福相对说来位于西德中部，又是欧洲的经济中心和交通枢纽，英美双占区军政机关所在地，而且空房较多，政府部门临时办公用房问题易于解决。以阿登纳为首的基民盟议员不同意选择法兰克福，而是力主定都波恩。最后进行投票表决，以33票对29票通过确定波恩为首都。很多人对阿登纳的想法不理解。有人说：世界各国都有自己的首都，唯独联邦共和国“没有首都(Hauptstadt)，只有‘首村’(Hauptdorf)”，他们是嘲笑波恩城市小，地方闭塞，缺少“京城”气派。也有人指责阿登纳“始终不忘记自己是‘莱茵人’”。甚至还有人说，阿登纳原来想把首都定在本村勒恩多夫，只是因为勒恩多夫实在太小，仅两千居民，说不出口，所以才就近选定波恩。阿登纳认为“这些说法非常幼稚，不值一驳”。他的考虑是，法兰克福自战争结束以来一直是占领军军政府驻地，盟国军事长官经常在这里开会，将法兰克福定为首都，很容易使人民产生“联邦政府是盟军的工具”的错觉。波恩虽小，但有它悠久的历史。而且英国军政府已表示，如果确定以波恩为首都，军政府将同意把波恩从占领区中划出来。他还指出，社会民主党人主张定都法兰克福是别有用意的，因为法兰克福位于黑森州（Hessen），而黑森州是社会民主党一向占优势的传统根据地。

8 月 14 日，举行首届联邦议院大选。从当时的情况看，社会民主党明显居于优势地位，原因是它有悠久的历史传统，强大的组织和训练有素的干部，尤其是还受到英国工党政府的支持。但选举结果却是基民盟及其在巴伐利亚州的“姊妹党”基社盟获胜，赢得总选票的 30％，位居第一。8 天后，阿登纳邀请基民盟基社盟领导人士到勒恩多夫私邸开会，就组织政府问题进行磋商。鉴于社会民主党在大选中得票比重也不算小，考虑到建国伊始面临任务的繁重，到会者几乎都主张邀请社会民主党人入阁，建立“大联合政府”（Große Koalition），以便有更广泛的力量分担施政责任。阿登纳不同意这样做，他认为基民盟和基社盟既然上台，政策方针就必须旗帜鲜明，要能作出果断的决定，才能不辜负广大选民寄予的信任，因此他坚持主张组织“小联合政府”（Kleine Koalition）。经过反复讨论，大家终于赞同他的意见，决定吸收自由民主党（Freie Demokratische Partei—FDP）、德意志党（Deutsche Partei—DP）、全德集团（Gesamtdeutscher Block—GB）以及被逐出家园和被剥夺权利者同盟（Block der Heimatvertriebenen und Entrechteten—BHE）四小党入阁，建立小联合政府。

9 月 10 日，自由民主党人特奥多尔·豪斯（Theodor Heuss）当选联邦共和国总统。

9 月 15 日，阿登纳以一票的多数击败社会民主党主席舒马赫，当选首届联邦政府总理。

第六章　争取主权和加入西方联盟

就任联邦总理伊始，阿登纳对内对外面临着十分艰巨的任务，如重建经济，解决急待解决的社会问题，建立良好的国内秩序，争取联邦共和国政治上自主，成为世界各国大集体中的一员和主权国家等等。所有这些无疑都是重要工作，他都得管。特别是对外方面，由他亲自抓，他把全部精力都扑上去。

著名德国问题专家美国学者威廉·E.格里菲思（William E. Griffith）在评述联邦共和国的东方政策专著中写道："战后时期西德对外政策反映出"阿登纳"极其讲求务实，信念坚定和非凡果断：首先是联邦共和国加入统一的西欧作为平等伙伴，加入大西洋联盟，然后再同莫斯科就德国重新统一举行谈判"，"统一的欧洲不仅有利于德国重新统一，而且能同苏联保持均势"。对照一下本书上面几章中的记述，不难看出，从根本上来说，这也就是阿登纳在20年代担任科隆市市长期间的一贯想法。

阿登纳决心从争取获得主权做起，而且要把争取主权同加入西方联盟密切结合起来。

5个多月以前，即1949年4月10日，美国占领军司令长官在代表西方三国外长授予议会委员会主席阿登纳“占领法规方针文件”时曾宣布：“一俟德意志联邦共和国成立，军政府即行结束，盟国当局的监督任务改由高级专员负责执行……三国高级专员联合组成一个盟国高级专员委员会。”9月21日，阿登纳领导的首届内阁宣誓就职，三国高级专员提出打算举行隆重仪式，授予“占领法规”（Besatzungsstatut），对此阿登纳没有同意。他认为“就德国方面来看，这并不是什么值得为之庆贺高兴的事情”。他也未叫全体阁员出席，只由他带领五名部长，加上他的外事助手赫伯特·布兰肯霍恩（Herbert Blankenhorn），登上七山，到高级专员委员会驻地“彼得斯贝格”大饭店接受了“占领法规”。

第二天，阿登纳总理就开始同三国高级专员举行谈判，首要内容是关于盟国拆卸德国军事工业及改建成军事工业的企业设备问题。拆卸这些工业企业设备是波茨坦会议上四个战胜国共同作出的明确规定，已经在陆续进行，涉及的自然都是大型厂矿企业。阿登纳认为，如果仍按原定计划继续拆卸，恢复和重建经济就无从谈起，失业将愈来愈严重。他早已公开指出“拆卸的主要目的就在于排斥德国在世界市场上的竞争”，以致国外报纸评论说：“一个德国人在控诉盟国！”在同三国高级专员谈判中，阿登纳反复陈述利害，为保住每一个车间、每一台机器进行力争。结果是，包括有名的蒂森钢铁公司（Thyssen Hütte AG）在内的18家大型厂矿企业从拆卸名单上勾消，西柏林的所有工厂甚至全部免于拆卸，顺利地达成了《彼得斯贝格协定》（Petersberg-Abkommen）。阿登纳高兴地说：“与抢救重要工业设备具有同样重大意义的，是这些让步对我国经济界领导人士的决心和干事业的勇气以及对我国劳动人民的干劲从心理上所起的作用。没有这些是不可能指望取得成就的。”彼得斯贝格协定是战胜者和战败者之间签订的第一个协定。三国高级专员授予联邦德国的“占领法规”，给战胜者一方同样也规定了某些明确的责任，自从德国无条件投降以来，这还是第一次。这个协定也从根本上确定了联邦德国紧紧跟西方走的大方向。

东西双方的“冷战”对峙，证实了阿登纳在战争末期即已提出的看法：美苏同盟将要瓦解，世界将分为两个相互对立的实力集团。立国初期，明确主张联邦德国跟东方走的人很少。社会民主党人虽然强烈抨击阿登纳紧跟西方，舒马赫甚至在联邦议院辩论中公开指责阿登纳是“盟国的联邦总理”，可他们自己也绝不主张倒向东方。更多的人是主张中立，主张奉行介乎东西两方之间的“桥梁政策”(Brückenpolitik)。这些人的想法是，中立和“桥梁政策”有利于实现德国重新统一，至少能使联邦德国摆脱美苏两个大国之间的冲突，有可能从两方面都得到好处。阿登纳认为这些想法都是不切合实际的，他坚持一边倒向西方，同西方紧紧结盟的既定主张，决不保持中立，决不搞“桥梁政策”。他深信，只有这样才能争取实现“在自由中重新统一德国”，而不是“以牺牲自由去换取重新统一”。这是他坚定不移地奉行的方针。

早在 1945 年 10 月 5 日接见美国记者的那次谈话中，阿登纳就表示：“依我之见，西方国家应将它们占领下的三个占领区妥当地合并起来，形成一种国家状态。最好是俄国人不愿合作，立即至少把西方三占区建成一个联邦国家。”他还指出：“但为了满足法国一方面对这样一个西德联邦国家的安全要求，必须使这个西德地区的经济同法国和比利时的经济尽可能紧密地结合在一起。因为共同的经济利益是促使各国人民相互接近和确保和平的最牢固的基础。”1948 年 10 月 2 日，他在明兴格拉德巴赫(Mönchengladbach)发表的一次讲话中说：“德法问题仍然是欧洲的一个主要问题……整个欧洲的未来取决于德法两国之间真正的和持久的谅解。”他坚信，作为第二次世界大战的结果，“世界包括欧洲已处于美苏两大国的控制下，不论英国或法国，都已失去了历史上的强国地位。面对美苏两个世界大国对峙争夺，传统的单一民族国家思想已经过时，无论政治上或经济上，它们都没有力量在两大国争夺的夹缝中坚持存在，保住自身的利益”，“欧洲国家只有联合起来，形成一支统一的力量，才能有自己的光明未来”。他批判主张德国中立和奉行“桥梁政策”的思想说：“我们靠自己的力量做不成任何事情。我们不可能成为处在东西两方之间的真空地带。那样的话，我们势必在西方没有任何朋友，而在东方却面对着一个危险的邻居。”

当时联邦政府还没有外交部，对外政策的职权还掌握在西方三国高级专员手里。阿登纳经常通过接见记者发表谈话的途径，向公众阐明联邦政府的对外政策见解和主张。1949 年 12 月 3 日，美国《克利夫兰实话报》(*Cleveland Plain Dealer*)记者问他对人们议论纷纷的西德重新武装问题持何看法。他回答说，他“不同意德国重新武装”，但愿意“考虑德国参加欧洲军(Europaarmee)，分担兵员份额(Kontingent)”的做法。这就是当时引起国内外震惊，遭到人们普遍强烈反对和谴责的所谓“防务贡献”(Verteidigungsbeitrag)。东方大肆抨击阿登纳是不奇怪的。即便在西方，包括联邦德国国内及政府内和基民盟党内，也有很多人对他表示不满。作为深受战争之害和战后各种苦难，对一切记忆犹新的过来人，自然不能赞同他的这一主张。当时的联邦政府内政部长、20 年后当选联邦总统的古斯塔夫·海涅曼(Gustav Heinemann)，就是因抗议重新武装于 1950 年 10 月退出内阁的。

阿登纳作为讲求务实的政治家，他对问题有现实的看法，不凭感情用事，不抱任何幻想。他是经过深思熟虑，全面权衡作出决定的。他毫不讳言地承认说，他知道联邦共和国"寄希望于西方盟国保护它的安全，西方盟国也愿意这样做"，因为这样做"既可以控制联邦德国，又可以加强它们自身同苏联抗衡的军事地位和政治地位"。但他也知道，"西方盟国决不会为了别人的安全而甘愿让它们自己的人当炮灰，如果别人自身不肯为防务作出贡献的话"。他认为，只有联邦德国本身也有了军队，才能有效地扩大和加强西方防御战线，特别是才能促使美国把心思用在欧洲，促使盟国把联邦德国看成地位平等的伙伴，从而同意让联邦德国拥有主权。可是，联邦德国如果直截了当地建军，必然又要引起其他国家首先是邻居法国的担心，所以他想到了"德国参加欧洲军分担兵员份额"这个办法。也就是说，联邦德国的军队是西欧国家共有的"欧洲军"中的一部分，受"欧洲军"统一节制指挥，不设立德国自己的总参谋部。这样建军可以一举数得，正像他在回忆录中概括所说："影响我对重新武装这个问题所持态度的因素有三：(1)重新武装可以获得主权；(2)面对苏俄武装苏占区的形势确保安全；(3)促进欧洲联邦。"阿登纳所说的"苏占区"指民主德国，已先于联邦德国着手进行武装，建立了配备武器和驻扎在营房里的“人民警察”(Volkspolizei)。

“冷战”开始以来，西方国家同西德之间的对立关系已发生了转化。1947 年 3 月 4 日英法双方缔结的《敦克尔克条约》(Vertrag von Dünkirchen)主要还是针对德国，声明旨在“防止来自莱茵河对岸的威胁”。一年后，西欧五国签订布鲁塞尔条约，就强调“集体防御”以对付苏联了。1950 年 6 月爆发了朝鲜战争，形势更有利于阿登纳排除反对意见，贯彻自己的主张。

这年 8 月，丘吉尔在斯特拉斯堡“欧洲理事会”(Europarat)提议建立“欧洲军”，西德军队参加“欧洲军”，加入于 1949 年 4 月 4 日宣告成立的北约组织。9 月西方三国外长举行纽约会议。10 月底中国人民志愿军抗美援朝出国参战。12 月 16 日杜鲁门总统宣布美国处于紧急状态。5 天后，三国高级专员通知阿登纳：同意联邦德国正式建军，并可考虑结束对德占领，着手谈判“德国条约”，用以取代“占领法规”。谈判是艰巨的，涉及许多具体问题，需要反复讨论磋商，无论“德国条约”或“防务贡献”，在很大程度上都取决于同西方国家的谅解，首先是同法国的谅解。然而，由于德法两国之间历史上长期不和，法国对德国深怀恐惧疑忌，虽然阿登纳积极响应法国外长罗贝尔·舒曼(Robert Schuman)1950 年 5 月提出的倡议，于次年 4 月 18 日签订了《欧洲煤钢联营条约》(Montanunionsvertrag)，作为将西欧德、法、意、比、荷、卢六国的重要工业紧密结合起来的第一步，但仅仅是个开端。单是棘手的“萨尔问题”(Saar-Problem)，就直接地、现实地阻碍着德法两国的进一步靠拢。阿登纳经过坚持不懈努力同西方三国和西欧五国长时间谈判协商，从他设想的总目标着眼考虑问题，在坚持原则的同时作出必要的让步，最后才达成一致，于 1952 年 5

月26日和27日，分别签订了取代“占领法规”的《关于德意志联邦共和国和三国之间关系的条约》——简称《德国条约》(Deutschlandvertrag)，也叫“一般性条约”(Generalvertrag)或“波恩专约”(Bonner Vertrag)——，以及在法国总理勒奈·普利文(René Pleven)1950年10月28日提出的煤钢条约六国建立“欧洲军”方案基础上达成的《关于建立欧洲防务集团的条约》(Vertrag über die Gründung der Europäischen Verteidigungsgemeinschaft)。

在同一期间，内政方面也取得了明显进展。通过彼得斯贝格协定争得的减免拆卸工矿企业设备项目，使100万人免于失业。另外就业的人数也有了增加，建国头一年内即达100万人。住房建造进展很快，从阿登纳政府就职起，每年新盖住房保持在55万所左右，其中一半以上是由国家资助的公共住房(50年代修建的“标准”新村住房中，仅三分之一强每户有独用浴室，近三分之一甚至无独用厕所间。以后从60年代初开始，大批兴建两居室带厨房浴室的住宅，位于市区边沿。电灶、电视机、洗衣机和小汽车等一切均采用“分期付款”购买)。近1 300万“被逐难民”得到了安置(全国平均每5个居民中，有1个是“被逐难民”)，500万伤残人员和孤儿寡妇获得了帮助和救济。公共事业部门普遍提高了工作效率，国民生活中恢复和改善了法治。

阿登纳十分重视国内团结，他认为俾斯麦时代的文化斗争和“反社会党人非常法”，以及希特勒统治时期排除异己迫害政敌，都不利于国内的健康发展。基于这些历史教训，加上有意起用某些他认为并无重大罪行劣迹而确有专长或才干的前纳粹人员，使他们为新政权效力，他决定尽快消除随着盟国1946年1月进行“整肃纳粹”(Entnazifierung)以来所产生的不利影响。他在1949年9月20日向联邦议院介绍施政方针的讲话中说：“非纳粹化造成了许多不幸和乱子。对那些在纳粹时期和战争中确实犯有罪行的人应当严加惩办，但除此以外，我们不要再在国内把人划为政治上清白者和不清白者两类，这种划分必须赶快结束。战争和战后时期的混乱已经给了许多人以十分严峻的考验，现在，对某些过错和不法行为有必要予以谅解。为此联邦政府将审议大赦问题。”但是共产党却不属于阿登纳的“谅解”之列，不仅不予谅解，而且还要加以制裁。1950年9月19日，他在记者招待会上宣布：“所有追随德国共产党的人和‘民主思想不可靠’的人都应予以解除其公职。”1951年11月16日，联邦政府向联邦宪法法院(Bundesverfassungsgericht)起诉，要求取缔德国共产党(Kommunistische Partei Deutschlands—KPD)。

在煤钢工业中推行“共同决定”是一项极其艰巨的工作，因为这一措施直接涉及国内国外有关方面的利益。工人坚决要求改革，企业主则指责“共同决定”是搞“阶级斗争”，阻力很大，争执十分激烈，有爆发大罢工的危险。但阿登纳和联邦经济部长艾哈德态度都很明确，断然表示按“阿伦纲领”的规定办事，坚持“企业雇员应有自己的代表参加监督机构例如企业监事会”，大企业中“应采用聘请方式吸收工龄长、为企业作出了贡献的职工进入理事会，参与领导企业”，工会可以派代表参加理事会。社会民主党当然也支持“共同决定”。由于基民盟基社盟和反对党共同努力，加上德国工会同盟(Deutscher Gewerkschaftsbund—DGB)主席汉斯·伯克勒(Hans Böckler)积极配合做工作，联邦议院在1951年4月10日通过了《煤钢工业平等共同决定法》。实行“共同决定”在西欧各国是一个创举，受到国外高度重视。第二年，联邦议院又通过了《企业宪法》(Betriebsverfassungsgesetz)，《企业宪法》明确规定了企业雇员在遇到停工、被解雇或企业结构改变时应有的权利。据1955年西方几个主要资本主义国家资料统计，每100个在业人员中，因罢工而损失的劳动日美国为55天，法国为25天，英国为17天，而联邦德国则只有5天。国外评论将这归因于推行工人参与平等共同决定，人们在后来指出，这种伙伴关系使得联邦共和国一连30年没有发生过严重的劳工动乱。

另外一项牵涉面大的决策是“均衡负担”(Lastenausgleich)，就是说，由国家对在战争中财产未受损失或基本上未受损失的人、特别是对随着经济恢复好转财产不断增加的企业主进行征税，筹集“均衡负担金”，用来补偿在战争中失去全部或大部分财产的人，以及安置“被逐难民”。这项工作从1948年币制改革后起就开始了，关键是既要使企业主、地产主和其他贵重物品持有者拿出足够多的钱来，又不能因此而有损国民经济的发展。政策规定，按币制改革日当天有产者实际财产总额的35%至40%计征，在30年内付清。1952年5月16日，联邦议院就此通过了相应的“均衡负担法”(Gesetz über den Lastenausgleich)。据统计，从均衡负担金中单是拨出用于安置“被逐难民”的专款，每年即达近30亿马克，连同建国前陆续支出的用款，截至1952年止，总计已近500亿马克。这也意味德国人民的财产结构发生了变化，相当于平均每个有产者拿出自己近半数的钱财，用于“被逐难民”和其他战争受害者。

推行“均衡负担”有着突出的重要意义。数达1 300万无家无业的“被逐难民”来到西德，得到安置定居，生计有了保障。他们亲身体会到政府的关心和广大阶层同胞的好意相助，由衷感激不已。最初，面对潮水般大批难民涌来，三国高级专员中，有两位主张关闭边境，不让难民进来。他们指出，联邦德国本身就有许多居民尚未就业，而大规模驱逐难民显然也是存心给西方造成无法解决的困难。只是由于阿登纳总理坚决不同意，才没有采取关闭边境的做法。

早在联邦共和国建国以前，西方三占区已分别在有关军政府领导下采取措施，对纳粹时期遭受迫害损失的犹太人个别进行赔偿，并制定了相应的法令。1950 年春，联邦政府开始同以色列代表就赔偿问题进行接触。1951 年 3 月 21 日，以色列照会战时四大盟国，正式提出“要求德国赔偿纳粹给犹太人造成的损失”，但没有直接照会作为当事者一方的联邦共和国。按一般情理说，新德国未始不可以声明对旧德国的所作所为不承担赔偿责任，只从道义上进行批判谴责就够了。可阿登纳不抱这样的想法，他在同年 9 月 27 日联邦议院讲话中说：“德国人民绝大多数厌恶对犹太人犯下的罪行，他们没有参与这一罪行……但无法名状的罪行是以德国人民的名义犯下的，德国人民有责任从道义上和物质上作出赔偿。”为此他宣布，联邦共和国准备同以色列国和世界犹太人代表会商研究解决物质赔偿问题。

阿登纳的讲话在国内外引起强烈反响。阿拉伯国家坚决反对，声明要进行经济抵制，采取政治制裁。参加阿登纳政府的德意志党和自由民主党也表示不予同意。甚至连犹太人士有的也拒绝接受物质赔偿，予以抵制。

1952 年 3 月 27 日下午，慕尼黑两学童（一个 12 岁，另一个 13 岁）在街头玩耍，遇到一陌生人，交给他们一只邮包和 3 马克“酬劳费”,请他们去火车站邮局代为投寄。两学童手捧邮包不知如何寄法,向附近电车站一位工作人员探问。这位工作人员看到邮包上写明“波恩联邦总理府康拉德·阿登纳博士收”,寄件人具名“法兰克福河畔伯格霍夫博士”,感到事有可疑,当即向警方作了报告。警方取去邮包拆开检查,只见包中是厚厚一本用绳子捆扎的《小百科辞典(下卷)》(*Klein-Brockhaus L-Z*)。一名警官动手解开绳子,顿时发生强烈爆炸,警官当场毙命。四天后,巴黎多家报社收到从日内瓦寄出的署名“犹太游击队组织”的传单,传单上写道:“3 月 27 日,本组织同志在德国境内执行了第一号任务:将一本装满炸药的书寄给刽子手人民的总理康拉德·阿登纳博士……我们同刽子手人民处于一场历时将长达几个世纪之久的战争状态”,“德国人惨无人道地屠杀了 600 万犹太人……现在他们同‘犹太民族代表’举行谈判,企图以此欺骗我们犹太人和全世界”,“我们要叫德国人知道,他们的罪行是不可能和永远不可能得到饶恕的”,“赔偿再多,也洗刷不掉他们的罪孽。犹太民族断不容许德国回到各国人民大家庭中来……”

阻力虽然很大,但阿登纳没有动摇。他坚持认为,出于道义原因,对深受纳粹政权种族迫害之苦的犹太人作出赔偿是理所当然的。他邀请慕尼黑两学童和他们的母亲来波恩联邦总理府作客,感谢他们,向两学童赠送金表留念。他还指示警方停止悬赏缉拿肇事凶手,表示对案件不加追究。另一方面,他亲自出面代表联邦德国同以色列及世界犹太人组织代表谈判,经过努力,于当年 9 月 10 日在邻国首都卢森堡市政厅签订了《卢森堡协定》(Luxemburger Abkommen)。同时,经联邦议院通过决议,作为第一批付款赔偿 30 亿马克给以色列,赔偿 5 亿马克给以色列除外的犹太人。这一做法有助于提高联邦德国在世界上的声誉。国外舆论指出:赔偿金额本身巨大自不待言,尤为难得的是,当时西德还处于恢复阶段,并未预料到以后会出现“经济奇迹”。阿登纳自己后来回顾说,他在1949年就任政府首脑时,心中考虑的重要任务有三,即“重新统一德国,同法国和解,以及调整同犹太民族的关系,也就是同以色列和解。后两项任务不完成,就不可能完成前一项任务”。由此可见他对这个问题是多么重视。

第七章　建设联邦共和国

1953年9月6日，举行第二届联邦议院大选，基民盟和基社盟再次获得胜利，阿登纳连选连任联邦总理。他的地位进一步得到巩固，他继续小心谨慎保持和扩大已取得的成就，首先是积极努力争取使联邦共和国终于成为主权国家。

阿登纳对建立“欧洲防务集团”寄予厚望。六个缔约国签字后，其中已有五国国会讨论批准了条约。可是1954年8月23日，法国国民议会却以319票对264票和12票弃权，否决了这项条约，“欧洲防务集团”就此功败垂成。这是对阿登纳的一个沉重打击。因为这样一来，不仅“共同防务”告吹，而且首先是获得主权的希望已化为泡影。他管这一天叫“欧洲不幸的日子”，说这是他“担任联邦总理期间最沉痛的失败”。出现这一变故其实并非没有预兆，法国总理皮埃尔·孟戴斯-弗朗斯(Pierre Mendés-France)早已有言在先：如果缔约伙伴不准备作出某些让步，要说服法国国民议会批准“关于建立欧洲防务集团的条约”是困难的。孟戴斯-弗朗斯在这里所说的“缔约伙伴”就是指联邦德国，所谓“某些让步”就是指法国一方主张的“一旦德国重新统一，各缔约伙伴均有权退出欧洲防务集团”。阿登纳当然不能同意法国这一主张，因为他认为这样做“正中苏俄下怀”。不过从法国国民议会否决条约的方式来看，也充分反映出法德两国间隔阂之深，宿怨之重，即根本未就条约本身进行辩论，今后也不再进行任何辩论，直截了当予以否决。

阿登纳虽然感到十分痛心，但并不完全绝望，他继续努力寻找补救办法。在这关键性时刻，一些认为“共同防务”攸关自身利益和同情联邦德国处境的西方政界人士，尤其是1953年初出任美国国务卿的杜勒斯(John Foster Dulles)和1951年10月重新上台的丘吉尔及其外交大臣艾登(Anthony Eden)，热心给阿登纳出主意。1954年9月底，阿登纳到伦敦出席“欧洲防务集团”缔约六国加上美、英、加拿大九国外长会议(联邦共和国从1951年3月15日起设立外交部，由阿登纳兼任外长)。丘吉尔在会见阿登纳时，见面第一句话就说：“我恭喜您欧洲防务集团破产！”丘吉尔和艾登建议以常规盟约取代“欧洲防务集团”：联邦德国和意大利加入“布鲁塞尔条约”，并将该条约改组成为“西欧联盟”(Westeuropaunion—WEU)，联邦德国通过这条道路进入北约组织，“为防务作出贡献”。九国外长会议于9月28日开幕，经过反复磋商，分歧仍然很大。主要矛盾在于对“军队”和“军备监督”问题看法不一致，争执不下，会谈几度濒临破裂。直到10月1日，阿登纳在会议上声明保证联邦共和国不生产原子、生物和化学武器(ABC-Waffen)，此外并同法国总理兼外长孟戴斯-弗朗斯就德法问题举行了一系列双边会谈，九国外长才终于就“正式结束对德占领和恢复西德国际法地位”、德意两国加入《布鲁塞尔条约》(改称

“西欧联盟”)从而“促进欧洲在此基础上的联合”、“德国加入北约组织成为平等成员”以及“盟国军队驻留德国”和“军备监督”等一系列问题达成一致,随后于同年10月23日就此签订《巴黎协定》(Pariser Vertrag),经各成员国议会批准后生效。

1955年5月5日,波恩联邦总理府绍姆堡宫前升起联邦共和国国旗,庆祝联邦共和国成为主权国家(西方三国仍保留涉及柏林、涉及德国重新统一以及有关最终缔结和约的权利和责任,三国军队仍留驻西德)。3天后,德国无条件投降10周年之日,阿登纳出席在巴黎举行的北约组织成员国理事会会议。联邦德国在北约组织军队中所拥有的师和大炮,比欧洲防务集团“欧洲军”计划拟议分给它的数字不是少了,而是更多。

回顾这段艰苦曲折的道路,阿登纳对联邦共和国终于获得主权和德法谅解之不易,是深有感触的。他在回忆录中记述道:《德国条约》定于1952年5月26日在波恩签字,但直到5月23日,还有“许多法国人”对德国重新武装“恢复旧日的强大感到不安”,“法国怀疑和批评德国,势必危及长达几个月之久取得的会谈成果,因而使整个条约的缔结成为问题”。他声称早已“现实地看到”,联邦共和国“加入西方联盟固然是德国利益的需要,但也是西方三国切身利益的需要”。他毫不掩饰地说:“使未被俄国占领的这部分德国政治上经济上安定和恢复健康,这不单是未被俄国占领的这部分德国的根本切身利益所在,而且也是英国和法国的根本切身利益所在”,“西方三盟国也逐渐认识到,面对苏俄,它们是需要德国的。我完全坦率地这样说,因为不言而喻,在当时战争结束那种情况下,战胜者首先并不是为我们着想。说到底……任何一个国家的对外政策首先一定是为本国的利益着想……三国认识到，德国和德国重新统一是阻止苏俄向西方推进的堤坝，是不可缺少的”。因此，他批评当时国内许多人采取的“与我无关的态度”(Ohne-mich-Haltung)，指出这种态度是“不负责任和归根到底不会有前途”。他认为“在经过纳粹主义统治12年之后，对德国来说已不存在任何十全十美的解决问题的办法……在许多情况下只存在祸害较小的政策”。他还强调指出：“这些年来联邦共和国国内有一种流行很广的幻想，即许多人认为美国不论如何都会坚定地留在欧洲，或者甚至留在易北河(Elbe)畔。然而美国人的耐心是有限度的。我的信念是：‘自助者，合众国助之！’”

这年6月7日，苏联向阿登纳发出邀请，欢迎他访问莫斯科，他立即决定接受。他想在可能的情况下争取扩大联邦德国政治上的活动空间，加之他一向认为，重新统一要靠西方三国的积极支持，“而实现重新统一的关键则在于莫斯科”，西方三国既已在《德国条约》中明确承担了德国重新统一的责任，现在联邦德国又已正式成为拥有主权的国家，正好借此机会直接同苏联谈这个问题。所以，他不顾政府中和自己党内的激烈反对和苦心劝阻，力排众议，于9月8日启程赴莫斯科。由于担心西方可能误解他搞“拉巴洛”政策，他在启程前声明：即便在他访问过莫斯科以后，联邦共和国也不会同苏联建立外交关系。然而事实说明，阿登纳访问莫斯科的直接结果，却是以联邦德国同苏联正式建交作为代价，换回了一批留在苏联的德国战俘。这些战俘及其家属亲友对联邦总理当然是感激不尽的，但从阿登纳此行的本意来衡量，却未免“得不偿失”。因为他有心谈德国重新统一问题苏联根本不同他谈，而他想避免引起西方猜疑却恰恰未能避免，至少招来了西方的抱怨和不满。西方三国驻莫斯科大使密切注意阿登纳同苏联人会谈的情况。美国驻苏大使波伦(Charles Bohlen)在获悉阿登纳准备同苏联建交时,气愤地问阿登纳的随员外事助手布兰肯霍恩:“如果你们为了几千名战俘而承认苏联,那么你们准备为了 1 700 万德国人而付出什么代价呢?”

有人还认为,阿登纳同意与苏联建交,实际上就是默认德国的分裂和存在“两个德国”,说阿登纳“事实上比其他西方国家 1975 年秋在赫尔辛基会议上早 20 年承认了欧洲现状”,因为苏联在同联邦共和国建交后并未改变自己的强硬态度。1955 年 9 月起,西柏林同联邦共和国之间的交通一再受到人为的干扰。1957 年苏联压阿登纳参加苏联、民主德国、联邦德国三方会谈或东西德双边会谈。第二年 10 月,苏联对西柏林发动“外交攻势”,一个月后赫鲁晓夫(Nikita.S. Chruschtschow)提出震惊一时的“柏林最后通牒”(Berlin-Ultimatum)。最终激化成 1961 年 8 月 13 日构筑“柏林墙”。而另一方面,“遏制政策”积极倡导者之一的美国前驻苏大使凯南(George Kennen)在 1956 年 5 月提出同苏联和平共处的方案,7 月美国参谋长联席会议主席、海军上将雷德福(Arthur Radford)提出裁减美国常规部队和驻欧美军的计划,即“雷德福计划”(Radford-Plan),却使阿登纳骇然不安。其实凯南和雷德福之所以会提出这些计划主张,其根本论据都是一点:既然联邦共和国认为可以从同苏联取得协议中得到“好处”,那么美国方面为什么不可以照此行事呢?当然,在阿登纳看来,莫斯科之行至少还有另一个他事先没有料到的重大“收获”,那就是,从赫鲁晓夫同他的谈话中,直接证实了苏联领导人“对中国担心”,从而肯定了他对“中苏之间存在分歧”的预感和判断,认为这有利于他从长远着想实现重新统一德国的希望。这就是阿登纳此后在许多场合下以及在同许多外国领导人会晤中都要谈到的他在莫斯科得到的“亲身体验”。

阿登纳第二届政府任期内的另一项重大外交成就，是妥善地解决了严重阻碍德法谅解的萨尔问题。第一次世界大战后，经凡尔赛条约规定，萨尔连同萨尔地区的煤矿被交给法国管理，直到 1935 年通过举行公民投票表决才归回德国。1945 年德国战败投降后，法国再次把萨尔从法占区中划出来，另行单独成立军政府，不久又设立由法国人组成的行政机关，采取种种措施使萨尔经济上并入法国。法国态度很强硬，声明“如果不从有利于法国一方着眼解决萨尔问题，就不可能有法德谅解”。加以英美两国当时在萨尔问题上也支持法国，所以阿登纳考虑暂时作出让步是不可避免的。出于这一考虑，他没有坚持在法国把萨尔塞进“欧洲理事会”的情况下，联邦德国决不加入欧洲理事会，而是决定将萨尔问题“留待以后从欧洲组织范围内”求得解决，并于 1950 年 5 月说服内阁成员同意他的主张，联邦德国由此顺利地加入了欧洲理事会。出于这一考虑，他在 1954 年 10 月 23 日《巴黎协定》签字前，同孟戴斯-弗朗斯就萨尔问题达成了一项“在西欧联盟范围内的萨尔法规”，使萨尔摆脱法国的直接控制，改为由对西欧联盟理事会负责的“萨尔专员”管理，法国可以在较长一段时期内继续开采萨尔地区的煤矿，同萨尔进行对等贸易，保证萨尔居民享有自由权利。这就是人们通称的“萨尔法规”(Saarstatut)，双方商定，由萨尔公民自由投票表决接受或拒绝这个法规。

这样处理萨尔问题符合当时的具体历史条件，也符合阿登纳既要德法谅解，又要使萨尔最终回归德国、而且有利于促进欧洲统一的一贯思想。1955 年 10 月 23 日，萨尔举行公民投票表决。阿登纳总理在前一天发表讲话，声明赞成“萨尔法规”，并“建议萨尔公民作出相应的选择”。表决结果，67.7%的萨尔公民投反对票，否决了法规。随后，又按 1954 年 10 月协定中的规定再次举行自由选举，在此基础上，萨尔于 1957 年 1 月 1 日正式回归德国。

可是联邦德国国内有人攻击阿登纳，硬说他在表决前夕发表的讲话是“出卖萨尔人”。这种说法显然缺乏明智的思考，殊不知，正是由于阿登纳以总理身份发表了讲话，以高姿态赞同经他亲自达成的法规，法国一方看到联邦德国和政府确实没有施加任何影响，萨尔公民投票完全反映了他们自己的意愿，所以才不再节外生枝设法阻挠，从而使萨尔问题妥善得到解决。平心而论，阿登纳这样做，恰恰证明了他作为国务活动家的高明之处。

在阿登纳领导和主持下，本届联邦政府还在其他许多方面做出了成绩。1956 年 1 月 1 日，联邦军首批士兵 6 000 人在安德尔纳赫(Andernach)入营，这批士兵都是志愿应征入伍的。半年后，7 月 7 日，联邦议院通过“兵役法”(Wehrpflichtgesetz)，作为完成“防务贡献”必不可少的前提的“兵源”问题，从此有了可靠的保证。在社会立法方面，阿登纳还采纳天主教雇主联合会(Katholischer Arbeitgeberverband)主席韦尔弗里德·施奈贝尔(Wilfried Schneiber)的建议，搞了“能动的退休金”(Dynamische Rente)制度，即随着在职工人和职员工资提高，本企业中领退休金者的退休金金额也相应增加。1957 年 1 月 22 日，联邦议院就此通过了“退休金改革法”(Rentenreformgesetz)。这在全世界是没有先例的。西方许多国家领退休金者常常因通货膨胀而生活无靠，在职人员可以举行罢工，要求增加工资，领退休金者无工可罢，只能挨饿。推行这一制度使联邦德国几百万领退休金者生活有了基本保证(据不完全统计，1957 年每月领 500 马克退休金的人，到 1967 年可“能动”至 1 500 马克左右，最高者几近 2 000 马克。而在同一期间，联邦德国通货膨胀率和物价上涨率在西欧国家中属于最低者)，他们热烈拥护基民盟，在 1957 年联邦议院大选中踊跃投基民盟和基社盟的票。阿登纳本人也获得了“作为改革总理载入史册”的美名。同年 7 月 4 日，联邦议院还通过了进一步鼓励和促进积极竞争的《卡特尔法》(Kartellgesetz)。

几年来，联邦德国的经济已在恢复的基础上进而有了较快的发展。1946 年 3 月，盟国对德管制委员会(Alliierter Kontrollrat für Deutschland)根据波茨坦会议的决定发布“德国第一个工业计划”，规定“德国工业生产保持 1938 年生产水平的 50%—55%左右”。1947 年 8 月，西方三国政府代表在伦敦会议上发布“第二个工业计划”，规定美英双占区工业生产水平可达到 1936 年生产水平的 90%—95%，其中钢的年产量可由 750 万吨增加到 1 070 万吨。从那时起，至 1953 年止，联邦德国工业生产实际上已达 1936 年水平的 150%，其中硬煤平均月产量为 1 000 万吨，发电量每月达 30 亿千瓦小时，机器制造增为 1936 年水平的 185%。农业生产增长较慢，但亦达 1936 年水平的 111%，谷物单位面积产量每公顷 3 190 公斤。德国货币的换汇比价也有了提高，每 100 马克由 1949 年兑换 17 美元增为兑换 22.5 美元。1953 年联邦德国社会生产总值已达 1 470 亿马克，折合 350 亿美元，相当于同年美国社会生产总值的 9.5%，英国的 74.1%，法国的 80.6%。到第二届联邦政府任期结束的 1957 年，全国社会生产总值增至 2 164 亿马克，折合 515 亿美元，为同年美国社会生产总值的 11.6%，英国的 83.8%，法国的 89.1%。以后在此基础上进一步全面迅速发展，于 1959 和 1960 两年分别超过法国和英国，开始形成所谓的“经济奇迹”。我在这里提“所谓的”，是考虑到阿登纳本人不主张用“奇迹”一词，因为他曾明确表示：“奇迹只能有一次，不可能再现”，而且这样用词使人们忘记自身在经济起飞中所付出的努力。

1957 年 3 月 25 日，联邦德国和法、意、比、荷、卢在罗马签订《关于建立欧洲经济共同体和欧洲原子能联营的条约》也即《罗马条约》，经缔约六国议会批准后，于次年 1 月 1 日起生效。

1956 年 8 月 17 日，联邦宪法法院宣判取缔德国共产党。战后初期，德国共产党以曾经坚持同纳粹政权进行斗争，作为人们公认的民主力量而受到占领军当局的重视，是最早经军政府批准恢复活动的政党之一，它在四个占领区的居民中都颇有号召力。但随后不久，苏占区德共于 1946 年 4 月同社会民主党合并，组成德国统一社会党(Sozialistische Einheitspartei Deutschlands—SED)。西方三占区内，则因以舒马赫为领导的社会民主党不同意两党合并，所以德共仍独立存在，而且尽管随着“冷战”开始，军政府对德共态度有了根本改变，德共依旧有相当的活动能力，特别是在州一级的影响更明显。1948 年 9 月成立的议会委员会 65 名议员中，即有两名是德共代表，包括德共主席马克斯·雷曼(Max Reimann)。1949 年首届联邦议院大选中，德共得票 136 万多张，占总选票的 5.7%，获得 15 个议席，占总议席的 3.7%。四年后第二届联邦议院大选，此时德共党员人数已由 1946 年的 30 万锐减为 8 万左右，得票数降至 60.7 万余张，仅占总票数的2.2%，议席仍为15席，占总议席的3.08%。

1951年11月，联邦政府援引《基本法》第二十一条第二款向联邦宪法法院起诉，要求取缔德共。联邦宪法法院经过长达4年之久的准备，于1955年11月至次年7月进行审理，最终以德共“否定基本法根本原则”、“积极拥护马克思列宁主义和它的社会主义共产主义社会制度目标”、“特别是它承认无产阶级专政，因而不符合自由民主的根本制度”为理由，悍然宣判予以取缔。联邦德国国内舆论界对联邦宪法法院作出这项判决的主要反应有两种。一种是认为运用法律手段取缔德共不利于德国重新统一。另一种是认为，鉴于德共本身活动能力有限，让它公开存在比取缔后可能转而从事秘密活动易于控制。阿登纳在第三卷《回忆录》中记述1957年联邦议院第三届大选时写道：“德共首次不可能在联邦范围内提候选人，因为经联邦宪法法院判决，已将该党在联邦共和国境内加以取缔，我将联系我国内政发展的情况就此作一叙述。”但以后的回忆录终卷未见有此“叙述”，看来这是由于他来不及写即已去世的缘故——阿登纳在生前写完了第一、二、三卷《回忆录》。第四卷只积累起资料素材和写出若干片断，由家属在他去世后整理出版。

阿登纳是坚决反对社会主义，反对共产主义的。但我们极少看到他对社会主义和共产主义本身发表系统明确的“高深”见解。散见于他的大量讲话和四卷集回忆录中的，一般都是联系基督教世界观、更多的是联系苏联扩张主义以及社会民主党的某些政治或社会主张，对社会主义和共产主义提出比较笼统的批判。在阿登纳的心目中，苏联就是“共产主义的体现者”，他把唯物主义武断地同纳粹主义等同起来，把纳粹主义同苏联等同起来加以批判；社会民主党就是

“社会主义的体现者”，是基民盟在联邦议院竞选中的主要对手，他认为“社会主义等于国家权力至上”，“社会主义必然要使个人的权利和尊严屈从于国家或某个类似国家的集体”，以此反对社会民主党的“社会化”和“计划经济”等主张。在他看来，“马克思主义的唯物主义世界观”核心内容就在于把人看成“经济的产物”和“经济的形态”，而“经济生产技术和生产方式必然决定整个生活和宗教生活，一切宗教的、道德的、法律的和政治上的见解，都只不过是经济的必然结果”。对于共产主义创始者、像他一样生于莱茵兰的马克思，阿登纳则不懂装懂地说：“社会主义这个精神运动使千百万人着迷，其原因并不在于马克思的理论，马克思的理论在一千个社会主义者中没有一个懂得的。而是因为社会主义吸取了基督教思想，将基督教思想剪裁成恰到好处的形式，迷住了人们的心窍。”1958 年 4 月 26 日，他向来波恩访问的苏联副总理米高扬（Anastas I. Mikojan）承认：他“也曾看过一遍《资本论》（*Das Kapital*），但我简直完全不理解”。他还声称“马克思主义已失去其科学性”，甚至把社会主义和资本主义放在一起“批判”，说“资本主义和社会主义属于同一个时代。两者都以一种现世的思想作为基础，以一种过分看重经济的思想作为基础，不论其为资本主义形式或社会主义形式”。在由他主持制定的“阿伦纲领”中也强调提出反对资本主义。鉴于存在着这样一些含混不清和自相矛盾，无怪乎有人指出，阿登纳是“实用主义的而不是教条主义的反共派”。

第八章 “长寿使人有机会总结经验”

阿登纳在就任联邦总理之初说过:“我的愿望是,将来有一天,当人们撇开现在这个时期的云雾和尘埃看问题时,能承认我尽到了我的责任。”1957 年 9 月 15 日举行第三届联邦议院大选,“联盟党”(Unionsparteien,指基民盟和基社盟)赢得了绝对多数票,阿登纳以压倒优势三任联邦总理。这也是势所必然的,在阿登纳主持政府工作和他的内外政策指导下,联邦共和国由原来的占领区变成了西欧举足轻重的主权国家,紧紧同美国结盟,作为西方集团中地位平等的一员。在医治战败崩溃严重创伤的基础上,经济发展迅速,广大居民获得了日益增长的物质利益,生活安定,国内秩序正常,千千万万选民投票拥护他。这是阿登纳的全盛时期,他的才智和能力在这些年中得到了充分发挥,取得了辉煌成就。

阿登纳有着强烈的自信心和 1906 年任科隆市副市长起从事政界工作积累的丰富经验。他十分重视经验,他在回忆录的序言中写道:“长寿使人有机会总结经验,而经验可以成为思想和行动的指南。

经验是没有任何东西可以取代的,即使天生才智也取代不了它。”去世前一个月,他在接见法国记者发表的讲话中还指出:“一个政治家聪明是好的,可更好的是得有经验。”他认为“经验能长出智慧的硕果”。他还说过,“德国人民……根据我的经验要求有一个强有力的领导”,他也深信自己是强有力的领导者。

阿登纳有坚强的事业心和抱负,渴望从事创业和发挥自己的才能,以实现自己的抱负为乐。他在担任科隆市市长期间就立下雄心,不仅要把科隆的事情办好,而且还多方设法谋求改善同法国的关系,以地方一级政界领导人的身份,为促进德法谅解尽一把力。正因为如此,所以在先后两次撤去市长职务后,他都感到难过,为没有机会干事业,不能施展自己的抱负难过。特别是 1945 年这一次,面对德国战败崩溃,百端待举的形势,他尤其渴望工作。他认为“德国人民害了病,一连几代人饱经动乱,过度劳累,形形色色的政体,种种截然相反的价值观,无论哪个国家的人民都是经不起这样折腾的”。因此他感到,使德国人民在生死存亡的关头坚持下来,求得安定,从内部医治好创伤,这是他应尽的责任。他乐于为此奋斗不疲,他“渴望奋斗,不奋斗”他“就会感到生活枯燥乏味”。

阿登纳有健康的体魄和充沛的精力。直到 91 岁高龄,他看报和阅读文件都不用戴眼镜,听觉好,手不颤抖,坐着时腰板挺直,走路步履稳健,用不着别人搀扶,记忆力很强。他是在 73 岁时开始当联邦总理的,对于他连续出席竞选活动,长时间参加会议或谈判所显示出的健旺精力,人们无不感到惊奇。他自己风趣地说,他对参加谈判有一条经验,那就是:“为了政治上取得胜利,你的坐功必须超过别人。”

他一向习惯于早起，注意饮食有节和定时，要求别人遵守制度，同时也严于律己，干工作时全神贯注，平日不随便生气动怒。公余回到家里，他观赏自己收藏的画，或听音乐，特别爱听海顿(Franz Joseph Haydn)、舒伯特(Franz Peter Schubert)、贝多芬(Ludwig van Beethoven)和莫扎特(Wolfgang Amadeus Mozart)的作品。文学是他的另一业余爱好，他喜欢的作家有海涅(Heinrich Heine)、席勒(Friedrich Schiller)、艾辛多夫(Joseph von Eichendorff)、乌兰德(Ludwig Uhland)、盖贝尔(Emanuel Geibel)、吉卜林(Rudyard Kipling)、狄更斯(Charles Dickens)和凡尔纳等。高龄时也看克里斯蒂(Agatha Kristie)的惊险小说，借以消除疲劳。度假休养多半是去瑞士的米伦(Mürren)和意大利北部科摩湖畔的卡德纳比亚，在卡德纳比亚还学会了玩意大利滚地球。

阿登纳非常注意爱惜时间，不论做什么事心中都有明确的目标，长于思考。人们常说"阿登纳仿佛是下棋大师，总比对手多想到两步"。他讲话严肃，善应对，显示出莱茵人特有的幽默机灵。1945 年 10 月初被英国占领军撤去市长职务后，第二年 3 月 6 日，他应邀参加在汉堡召开的英占区咨询议会首次会议，会前由英国占领军总司令道格拉斯(Sir Shoto Douglas)逐一接见与会代表，并作简短交谈。当介绍到阿登纳时，道格拉斯带着几分傲慢的口气说："市长先生，给我谈谈你的政治经历吧！"阿登纳迅速准确地答道："我于 1917 年就任科隆市市长，1933 年纳粹以我政治上不可靠为理由将我撤职。1945 年 3 月美国人让我再度任科隆市市长，同年 10 月英国人又以不称职为理由将我撤职。所以现在我到占领区咨询议会这里来了！"道格拉斯愕然无语。1949 年 9 月 15 日，他以一票的多数当选联邦总理。选举揭晓后,有人问他是不是自己投了自己一票,他回答说:“当然是的,不投自己的票我认为是虚伪。”有一次联邦议院会议上有人指责他,说他在某个问题上前后态度大不一致,他当即回答说:“先生们,谁也不能阻止我一天天变得聪明起来。”机智和过人的直觉感也使他的讲话针对性强,言词犀利,又明白易懂。他的朋友和反对者都说他是“老狐狸”(Großvater der Füchse 或 gerissener Fuchs)。有人作过统计,阿登纳的讲话和文章所用的词汇量总共不超过两千。

阿登纳既讲究主持政务的要领和领导方法,一般情况下也能注意发扬民主作风。他深深懂得,国家的对外政策是以稳固的内政为基础的。他在悉心领导对外事务的同时(他兼任联邦外交部长直至1955 年 6 月初),一直注重抓国内的经济建设和社会秩序。他始终知道自己要的是什么,而且力求把自己的意愿变成多数人的意愿,按民主原则办事。他承认“民主是命运指明的引导德国人民走向美好未来的道路”,“民主的意义超过了议会政体。民主是世界观,它扎根于每个个人的尊严、价值和不可转让的权利的见解”。他在战后重任科隆市市长时,言词恳切地告诉市民:“作为市长,能够得到市民的建议和帮助,提出建设性的批评,我感到幸运。”他认为自己担任 14 年联邦总理,只有“唯一一次事先未经议会或本党讨论”由他个人作出重大决定,即 1954 年 10 月在伦敦九国外长会议上宣布联邦共和国不生产原子、生物和化学武器,那是面对会谈濒于破裂的情况,不得已作出的处置。他自负地说,除此以外,他没有再违背过民主的原则:“人们多半赞成我的意见——那叫我有什么办法呢?一些人和我的看法一致,另外一些人赞成我的看法。”对于报刊上经常登载的讽刺嘲笑他或逗他取乐的漫画,他绝不认为是丑化和有损他的形象,总要拿来亲自一阅。幽默杂文作家瓦尔特·亨克尔斯（Walter Henkels）收集有关阿登纳的传闻轶事，写成《阿登纳博士趣闻集》（*Doktor Adenauers gesammelte Schwänke*）和《阿登纳坏心眼集》（*Adenauers gesammelte Bosheiten*）等书出版。他在收到寄赠的书后接见亨克尔斯，笑眯眯地让亨克尔斯拍照，对亨克尔斯说："您在我身上赚了大钱"，"不过书中所写的肯定不全都符合事实"。在抓政府各部门工作中，他不喜欢听泛泛而谈的汇报，而是强调汇报内容要具体生动，要有统计数字。他重视抓第一手资料，自己作出判断，不轻信别人的判断。

阿登纳在坚持原则的同时，也善于充分掌握灵活性。他强调看问题和办事情既要有远大的眼光，又不脱离具体现实条件，重点在于"权衡必要性和可能性之间的关系"，以取得"实际效果"，绝不机械地搬用教条。过去主持科隆市政工作时，他就习惯于这样做，事事注意充分讲求实效，坚持他认为正确的意见，而并不取决于他的中央党。战后担任联邦总理在同外国举行谈判中，他十分注意求实。他认为"任何一个国家的政策都是由本国利益决定的……决定对外政策方针的不是感情，不是同别国人民关系上的好恶，而是一个国家本身的利益。必须冷静现实地看到这一点。除此以外，一切都是建立在幻想的基础之上，只会落得失望的结果"。他还指出，"举行一次会谈，得让每个参加者都有所收获，可望从会谈中得到好处"，"政治上取得成就首要在于决不可失去朋友的信任！对外政策的具体做法可能改变，但信任是进行政治合作的基础，不能受到损害，信任可以说起着决定性的作用"，为此就"特别需要忍耐，再一次忍耐并持之以恒"。有人因此指出，说"阿登纳不是理论家，而是实用主义者"。他在西方政治家中一向以说话直率和言而有信闻名。尤其是他能设身处地为对方着想，给谈判对手留下深刻印象，例如在争取德法谅解过程中每次遇到挫折，都可以听到他在痛心之余，回过头分析和体谅法国一方存在实际困难的讲话。正因为这样，阿登纳在西方政界人士中赢得了许多朋友。事实证明，这对联邦共和国不是没有好处的。

阿登纳不轻易置信于人，对不熟悉的人多少抱有谨慎的猜疑，但态度是和蔼的，以礼待人。特别是对初次见面的人，他一直非常客气，彬彬有礼。人们都说，不论谁上总理府办公室去见他，敲门进去，他总是主动站起来打招呼，握手问好。他在用人上重才干，除共产党外，一般不抱狭隘的党派或教派门户之见。早年在科隆市市长任内，他的副市长中不仅有中央党和德意志民族党成员，而且也有社会民主党人。1949 年 9 月选举首届联邦共和国总统时，阿登纳建议提名自由民主党人豪斯，有人反对，说豪斯向来是以对教会不那么友好出了名的，阿登纳说:“但是豪斯有一位笃信基督教的妻子，这就够了。”阿登纳 50 年代中期以前最得力的外事助手、以后外放大使的“超级外交家”布兰肯霍恩是福音派教徒，阿登纳的女秘书几乎全都是福音派教徒。党内每次讨论提名联邦总统以及政府和议院主要职务人选时，阿登纳都强调要考虑使新、旧两派基督徒之间比例大体平衡，不搞清一色全属同一教派的人马。当然也有很多人指责阿登纳用人不看历史，作为这方面最突出的一例，就是联邦总理府国务秘书汉斯·格洛布克(Hans Globke)。格洛布克在第三帝国内政部当过司长，为纳粹推行种族迫害的“纽伦堡法令”(Nürnberger Gesetze)作过注释。但阿登纳不仅让他一手总揽总理府日常工作，而且还在 1955 年带他出访莫斯科，委托他抓基民盟竞选活动，甚至让他参与重大决策，在

1959年初拟订关于德国重新统一的方案即通称的“格洛布克计划”(Globkeplan)。概言之,这也是阿登纳在联邦总理任期内受到国内外舆论猛烈抨击的问题之一。

格洛布克1898年生于杜塞尔多夫(Düsseldorf)一布商家庭,1922年进科隆大学攻读法律,加入中央党,后供职普鲁士内政部。1933年普鲁士内政部并入德国中央内政部,格洛布克抓户籍管理,1936年至1939年参与负责犹太人事务,于1938年升为司长,直到战争结束。有材料证明格洛布克本人不是纳粹党党员。战后格洛布克被关进黑森地区利希特瑙(Lichtenau)英军“拘留营”,接受审查,英国人用他充当“人证”,协助甄审纳粹分子。西德建国前,经当时北莱茵-威斯特法伦(Nordrhein-Westfalen)州政府财政部长海因里希·魏兹(Heinrich Weitz)推荐,阿登纳起用格洛布克,叫他抓联邦总理府的日常工作。阿登纳知道格洛布克的政历问题,于1950年3月作出批示:“格洛布克的政历已经过盟军细致审查,德国机关无需再提出比占领军更细致的要求。”不过鉴于舆论反映强烈,起初还是未敢发表任命。1952年签订了对以色列和世界犹太人组织进行赔偿的“卢森堡协定”后,阿登纳就不再有顾虑了,正式任命格洛布克为联邦总理府国务秘书。

格洛布克拥有科班出身的行政管理经验,记忆力特强,思考敏锐,对复杂的情况和问题长于分析概括,准确地抓住其中的核心要领。他迅速建立起办公秩序和各部汇报制度,掌握和协调所有条条块块的工作,并由他监督联邦总理指示的贯彻执行,这样就大大提高了作为政府中枢机构的“总理办公厅”(Kanzleramt)的统一领导指挥效率。政府各部门的情况，事无巨细，全都装在他的脑子里，人们称他为“各部概况的微型版”(Mini-Ausgabe sämtlicher Ministerien)。不仅如此，格洛布克还有权抓人事，乃至直接为总理起草内阁重要文件，往往连有关负责的主管部长都不参加。有的部长同下级之间对工作发生意见分歧，下级甚至敢于顶撞说：“我已告诉了格洛布克先生，他同意我的看法。”人们管格洛布克叫联邦总理府“大管家”，说他“比所有各部部长加在一起的权力还要大”，外国报纸称他为“西德第二号实权人物”。阿登纳十分倚重信任格洛布克，几乎每天下午前半晌一过，就来国务秘书办公室找他：“格洛布克先生，有兴致吗？”格洛布克心照不宣，知道这是邀他去散步。他立即放下手中的工作，随阿登纳步入总理府花园，边走边谈，汇报情况，听取指示。半个钟头后，散步结束，双双道别，各自回办公室。

对于人们指责他参与迫害犹太人的严厉抨击，格洛布克在1956年写过一份材料，不过只限于在家庭范围内给朋友和犹太人组织来访者看阅。直到1961年，原纳粹德国中央保安总局(Reichssicherheitshauptamt—RSHA)主持执行“最后解决”(Endlösung)的屠犹首犯阿道夫·艾希曼(Adolf Eichmann)被以色列逮捕归案受审时，格洛布克才把这份材料公之于众。他在材料中说，他之所以为“纽伦堡法令”作注释，是因为“自信用这一办法可以防止纳粹党和国家当局任意扩大解释此项法令”。他还说他“同抵抗运动有联系”，而且自己“从来未向希特勒宣誓效忠”等等。

格洛布克本人的申述当然不足为凭，可重要的是确实有人证明他的辩白并非虚构。曾因与“7月20日”事件有牵连、被纳粹判处过4年徒刑的律师奥托·伦茨(Otto Lenz)说，格洛布克“利用中央内政部大印假造命令，使被秘密警察关押的人在盟军快要到达前获得释放”。红衣主教康拉德·冯·普赖辛格(Konrad von Preysing)证实：“格洛布克把内政部作出计划和决定的消息告诉我和我的同事，还给我们提供保密的法令草案，好让我们掌握材料提抗议”。前抵抗运动成员雅科布·凯泽不仅证明格洛布克支持过抵抗运动，而且断言“格洛布克博士受到我们充分的信任，他是我们‘7 月 20 日’成员内定的教育部国务秘书”。格洛布克这段公案后来就这样不了了之。他本人在舆论压力下曾主动要求解职，阿登纳也没有同意，直到自己在 1963 年 10 月 15 日下台前半个月，才让格洛布克退休。不论如何，这件事情从一个侧面充分说明，阿登纳确实是坚持用人重才的。

阿登纳作为资产阶级政治家有这些过人的长处和特点，所以担任联邦总理的地位是巩固的，在具体历史条件下，这一职位似乎非他莫属。50 年代初期以前，还有一位反对党领袖，即社会民主党主席、曾经遭到纳粹迫害摧残和深受人们尊敬的库特·舒马赫能同阿登纳竞争。1952 年舒马赫病故后，就很难找到另一个声望、才智和经验大致相当的政治家能同阿登纳较量了。阿登纳为联邦共和国作出了有目共睹的建树，为他的党——基民盟赢得了重大胜利。

但是阿登纳毕竟老了，1957 年三任联邦总理时，他已快 82 岁。他自己也知道自然的法则不以人的意志为转移，他的子女都劝他考虑自己的健康。一些人也希望他退职，认为要是他在事业成就达到高峰的这个时刻光荣引退，他就能省却后来遇到的许多麻烦和苦恼。可是像阿登纳这样一个有着雄心抱负的人，多年来一直位高任重，掌握大权成了习惯的人，他能“激流勇退”么？他完全不敢设想放弃手中的权力，回家去过清闲的生活，“颐养天年”。他认为自己还有重要任务没有完成：欧洲统一，德国重新统一。单是这两个方面，就足够他继续竭尽全力以求实现的了。

不仅如此，他还为已经取得的成就是否能巩固下去担心，尤其是从长远着想为确保“政策的持续性”担心。在国内，他自信经济上的成就是无可否认的，人民生活安定，社会保险和物质福利不断提高，可是，他问自己：“思想上、精神上的建设呢？”按照阿登纳的见解，现代社会的“技术进步助长集体主义思想，文化堕落是现代生活造成的结果，离开乡土又导致一般化和失去个性”，“现代人不懂得自己的独立性和固有价值”。他尤其为德国人民担心，因为“他们起初一跤跌进大混乱的深渊，随后又陡然暴富，这是叫人经受不住的”。他希望德国人民“保持稳定”，“政治生活和经济生活都保持稳定，否则就得不到别人的信任，就会没有朋友”。他深切体会到，处于战败地位的德国要想在国外赢得信任，一是政府的政策必须稳定，二是德国人民必须忍耐，“一个不稳定的人民，在政策上翻来覆去摇摆的人民，是孤立的。这样的人民叫别人感到信不过，不可能有朋友”。他认为，政治上取得成就的“根本关键在于认清必要性和自己的力量，以及在于政策稳定而明确”，“一个战败国的人民必须忍耐”，“对外政策上要靠点点滴滴做工作，一步一个脚印”。早在1954年，他在二次同外国朋友谈话中就表示过担心：“天哪！我不知道我的接班人要干些什么，如果他们相信自己能干，如果他们可以不必走既定的道路，如果他们不同欧洲结合在一起的话。”

阿登纳对德国人民如此不放心，对他的“政策的持续性”如此不放心，何况又觉得自己还精力充沛，能够工作，他怎么肯自动引退呢？

1959年,联邦总统豪斯第二届总统任期期满,按基本法规定不再连任,必须换人。不少人认为,这倒是一个解决难题的好机会——阿登纳不妨辞去联邦总理职务,改任联邦总统,这样既摆脱了繁重辛劳的政务,又居于国家元首的高位,受到人民尊敬和爱戴。

这年2月24日,阿登纳召集联盟党16位主要成员开会,研究联邦总统人选问题,结果决定提名联邦副总理兼经济部长艾哈德竞选联邦总统。艾哈德本人不在场,当时正在外地休假。阿登纳打电话把会议决定告诉艾哈德,艾哈德未明确表示不同意,只说"过三天后等"他"回波恩时再谈"。可是阿登纳打完电话,就立即在当天向外界发表了这个决定。

这个决定发表后,引起一场轩然大波。艾哈德是联盟党许多成员心目中未来的联邦总理,是理所当然的阿登纳的接班人。他们认为,提名艾哈德竞选联邦总统,这是阿登纳存心不想让艾哈德接班,波恩不少人甚至公开大声疾呼:"警惕'谋害储君'(Kronprinzen-Mord)"。艾哈德本人也对这样急于发表决定很生气,表示决不接受提名竞选总统。在这种僵局下,阿登纳听取了挚友费尔德门格斯等人的建议,于4月7日发表电视讲话,声明"在经过慎重考虑后",他决定辞去联邦总理职务,接受提名竞选联邦总统。

阿登纳对自己的接班人是有考虑的,他属意于1955年起入阁任联邦财政部长的弗兰茨·埃策尔(Franz Etzel)。埃策尔在此以前担任"煤钢联营高级机构"(Höhe Behörde der Montanunion)副主席,一向以干练踏实,老成持重著称。阿登纳想,让埃策尔任联邦总理,他自己当联邦总统,凭借他的威望和经验继续指导帮助埃策尔主持政务,埃策尔不会不乐于听从的。

可是阿登纳没有想到，联盟党广大成员坚持主张由艾哈德接替他出任总理。阿登纳虽然承认艾哈德的才干，高度评价肯定艾哈德作出的成绩，但认为艾哈德毕竟只是经济方面的专家，缺少全面主持政务的素质，缺少外交才能。特别是艾哈德在有关欧洲共同市场问题上的想法同他不完全一致，涉及这方面的某些讲话在国外也曾引起不好的反应，所以他认为艾哈德不适合当总理。对此他已多次明确表示过意见，他以为不至于再会有大问题了。

艾哈德是“社会市场经济”思想的系统提出者和具体执行者，他以脑袋圆圆、身材微胖、手捏一支粗大雪茄烟的形象为人们所熟知（对比身材修长挺直的阿登纳，人们戏称之为一个是“巴洛克型”，一个是“哥特型”）。传说他由学徒摇身一变而成经济学教授和国务活动家，其实并非如此。

艾哈德是巴伐利亚人，1897 年 2 月 4 日生于纽伦堡附近的小城费尔特(Fürth)，父亲为布商，有 5 个孩子，艾哈德最小。由于父亲希望小儿子日后继承家业，所以艾哈德在纽伦堡念完初中后便改学零售贸易，当了 3 年学徒。1916 年艾哈德应征入伍，进炮兵团当瞄准炮手，1918 年 9 月身负重伤，动过七次手术，第二年才痊愈出院。复员后他进了纽伦堡商学院，攻读社会经济学和社会学，获商学士。后来又到法兰克福大学深造，听了著名资产阶级国民经济学家弗兰茨·奥本海默(Franz Oppenheimer)的讲课，于 1928 年取得政治学博士学位，回到纽伦堡商学院任教。1942 年，他因拒绝参加纳粹党及任何其他纳粹组织而被迫离职，离职后自己创办私立“工业研究学院”。1936 年，他认识了当时任莱比锡市市长、后来被抵抗运动内定为德国总理的卡尔·弗里德里希·格德勒。1944年“7月20日”事件后格德勒被捕入狱，从狱中秘密传出遗书告诉友人：“艾哈德博士写了一份关于清理战争债务的备忘录。他可以给你们当好顾问！”所谓“备忘录”，指的是格德勒请艾哈德拟就的一份德国战后经济重建计划，艾哈德来不及送给格德勒，格德勒就被捕了。

1945年4月18日美军到达费尔特后，艾哈德被任命为军政府经济顾问，9月任巴伐利亚战后首届政府贸易和工商部长，次年12月首届民选州政府成立，他再次任经济部长。这年10月，他在美占区德文版《新报》（*Die Neue Zeitung*）上撰文，阐述社会市场经济主张，独具见解地指出：“如果国家注意到，既不让社会特权也不让人为的垄断阻碍经济力量的自然平衡，而是给供求留出活动余地，那么市场将使参与其中的各种经济力量得到最理想的调节。”艾哈德后来自己承认：“说真的，是美国人发现了我。”

1946年12月2日美英两占区经济上合并，艾哈德被任命为双占区“货币和信贷特别局”（Sonderstelle Geld und Kredit）局长，这是当时领导币制改革的决策机关。第二年冬，慕尼黑大学授予艾哈德社会学系名誉教授学位。1948年3月3日，由双占区八州派代表组成的“经济委员会”（Wirtschaftsrat）选艾哈德为“经济管理处”（Verwaltung für Wirtschaft）领导人。担任这些要职，使艾哈德有可能逐步贯彻推行他的社会市场经济思想主张，迅速恢复进而重建西德经济，取得成效。阿登纳终于采纳艾哈德的一套，将其写进党纲：“在1947年2月奉美英两国军政府命令成立的法兰克福经济委员会中，以基民盟和基社盟为主的多数成员同社会民主党针锋相对，担负起责任，将此前执行的经济政策激剧转变到通称的‘社会市场经济’轨道上来。这一转变带来的成就是人所共见的。”在这一基础上，联盟党工作团(Arbeitsgemeinschaft CDU—CSU)于1949年7月制订出系统完整的“关于经济政策、农业政策、社会政策和住房建造”的“杜塞尔多夫指导原则”(Düsseldorfer Leitsätze)。

针对当时的困难形势和人们在经济决策上见解纷纭，莫衷一是，艾哈德于1948年4月指出：“不能就匮乏和困难搞平均主义，而是应当通过合理分配逐步增长的福利，寻求和找到解决问题的办法。”这年6月20日币制改革，艾哈德在当天果断地宣布取消许多消费品定量配给及管理办法，以此“打破计划经济的种种束缚”。当时的情况很令人担忧，物价陡涨，许多人没有工作，在业者声言要罢工。连军政府的人也沉不住气了，他们在第二天(6月21日)责难艾哈德，问他知不知道：就连战胜国英国也还在实行配给制；问他知不知道：只有占领军才“有权改变经济规章制度”。艾哈德沉着地回答道：“这些我当然知道。不过我并没有‘改变’经济规章制度，我是‘取消了’经济规章制度。”这就是在后来被人们当成传奇谈论的有名的“艾哈德答问”。

1949年9月阿登纳组织政府，艾哈德入阁任联邦经济部长。到1950年物价已普遍回落，低于币制改革前的水平，经济开始趋向好转，但仍有大量失业。据艾哈德分析，在失业者中，有120万人是由于不考虑工业地区分布，盲目安置“被逐难民”而造成的，因此并不说明他的经济政策本身有问题，他指出这是“结构性失业”(strukturelle Arbeitslosigkeit)。

朝鲜战争爆发后，物价再一次上涨，物资供应紧张，尤以食糖和钢为最，不少人又慌了手脚，纷纷议论恢复配给制。艾哈德坚决不同意这样做，他甚至反对英国工党政府提出的“节约纲领”(Sparprogramm)，呼吁广大居民“不要节约，而是要购买，大胆地购买，勇敢地消费(Mut zum Konsum)，想买冰箱就买冰箱”。他指出：钢确实奇缺，“但如果工业部门因此而减少用钢，那就铸成大错。应当相反用得更多！这样促使钢的需求量大大增加，从而打破供不应求！”他极力坚持社会市场经济方针，强调：“谁叫喊要计划经济，谁就像为了今天和明天一时的烦恼失去理智，想要自寻短见的人。我们可不想自寻短见，我们要活，而且一定能活。”后来有一次，他回顾当年的激烈斗争情景还说：“认为只要根据原材料的平衡，就能在很长时间以前对一国人民的命运预先作出决定，这说明计划经济思想不切实际到极点，糊涂到极点。”

1952 年联邦共和国外贸首次出超，1955 年成为西欧最大产钢国，次年全部就业。1957 年全国黄金储备量仅次于美国，居世界第二位。这一年，艾哈德写了有名的《让人人致富》(*Wohlstand für Alle*)一书。

1957 年艾哈德 60 岁，阿登纳在祝贺他寿辰发表的讲话中说：“联邦经济部长艾哈德激起的信任和赢得的信任，是我在任何其他人身上几乎从未见到过的。”《纽约时报》(*New York Times*)写道：“德国经济部长一讲话，全欧洲各国政府、商人和银行家都洗耳恭听”，“艾哈德博士最出色地发挥了他作为哲学和个人两方面特点而占有这一突出地位。这里说的哲学就是指‘社会市场经济’”。

后来，到了 1962 年，艾哈德突然改变经济政策口号，不再提“勇敢地消费”，而是号召“保持节制”。这使许多人感到不可理解。艾哈德说明他的想法：鉴于“经济发展的势头趋于狂热，生产一翻再翻，现在许多学徒的实际收入超过了 40 年前的老师傅，西德有一百多万外籍工,德国人自己愈来愈少劳动。现在用不着再宣传‘勇敢地消费’了,60年代需要煞住忘乎所以的倾向”。1963年10月18日,他在联邦总理就职讲话中说得更明确:“请允许我坦率地指出:我们必须要么过俭朴的生活,要么就多劳动。劳动是和永远是物质福利的基础。”——这些当然都是以后的事情了,与1959年无关,不宜就此多作赘述。

总之,艾哈德被人们誉为“经济奇迹之父”(Vater des Wirtschaftswunders),深受广大居民特别是原“被逐难民”的爱戴。基民盟联邦议院议会党团一致决定,以艾哈德作为下届大选中的“竞选火车头”(Wahllokomotive)。当艾哈德任联邦总理的呼声愈来愈高,眼看势头无法扭转时,阿登纳便改变初衷,在6月4日写信给联盟党联邦议院议会党团主席海因里希·克罗内(Heinrich Krone)说:“我不得不深致歉意地通知您,谨此收回”4月7日发表的“关于我接受提名竞选联邦总统的声明”,换句话说就是他决心要继续当联邦总理。

阿登纳的这个大反复顿时引起轰动,舆论哗然。这就是众所周知发生在1959年的所谓“联邦总统危机”(Bundespräsidenten-Krise)。这一事件使阿登纳在广大公众中的威望受到严重损害,在本党党内和联合政府中造成了极坏的印象。过去被成就所掩盖的某些缺点错误,多年来隐藏在一些人心中的芥蒂或积怨,都由此而暴露出来,或者说有了发泄的机会。例如,人们指出,阿登纳自己也承认“应当批评,应当有反对派意见,任何一个政府都需要听取反对派意见。因为没有哪个政府、哪个个人是没有缺点的”,可是遇到具体问题,有时候他却压制批评,压制反对派意见,他在1957年4月对发表

“格廷根宣言”(Göttinger Manifest)、抗议用核武器装备联邦军的18位原子物理学家所作的讲话，就是压制不同意见的明显一例。又例如，有人指出，阿登纳理论上也说议会中一定要有反对党，“没有反对党监督，政府就有迷失方向的危险”，但实际上他并不怎么尊重反对党。1959年他在纽伦堡一次竞选讲话中说：“我们尽力决不让社会民主党上台……因为我们相信，这个党取得了胜利，德国就必然要毁灭。”尤其是在后来一次群众大会上，他对他的竞选对手、社会民主党领袖维利·勃兰特(Willy Brandt)进行人身攻击，用含蓄的用词点明勃兰特的非婚生子出身，更引起人们的不满。再比如，1960年1月，他在埃森(Essen)竟然向对他提批评意见的人说：“我自然尊重道理，但您即使在理，也不可以这么小气。”这些事例，归结到一点，是批评阿登纳缺少真正的民主作风。有人指责他在一些重大问题上独断独行，直言不讳管他叫“个人决定一切的总理”(Kanzler der einsamen Entschlüsse)。

最不幸的是，人们感到，阿登纳这次作出180度大转变，显然是执意要跟艾哈德过不去，因而也就可以看出，他在2月24日急于发表提名艾哈德竞选联邦总统的决定，的确不是事出偶然。艾哈德自己说：“阿登纳实际上是打算把我一脚踢到楼上去。”社会民主党主席埃里希·奥伦豪尔(Erich Ollenhauer)气愤地指出：“这是典型的肆无忌惮的强权政治。”甚至连阿登纳属意的埃策尔也为之胆寒，他说：“不论谁接阿登纳的班，都是自杀。”总之，阿登纳的声望急速下降，人们认为这是他总理生涯的转折点，由“伟大的老人”一变而为“老顽固”。有人干脆叫喊：“老家伙必须滚蛋！”

阿登纳不同意艾哈德接班是明摆着的，而且并非始于今日。那么，是什么原因促使他不早不迟，在6月初作出这个大转变呢？联系国际上的事件分析，很可能一个直接的、主要的原因，在于10天前即5月24日美国国务卿杜勒斯的病逝①。杜勒斯是阿登纳最信得过的朋友，又是美德结盟和“实力政策”（Politik der Stärke）的积极支持者。杜勒斯一死，阿登纳深信对外政策形势从此将愈益多艰，而艾哈德沉潜有余，短于刚克，担负不了总理重任，因此他才决定“我不能在如此关键性的阶段离开我现在的工作岗位”。再者，人们也普遍承认，除了有时因工作出现分歧或争执以外，阿登纳同艾哈德之间并不存在私人成见或个人恩怨。

1961年9月17日，举行第四届联邦议院大选，联盟党虽然又一次获得胜利，但却失去了绝对多数票。除了由于“联邦总统危机”造成的内政困难外，还有一个外部不利因素，那就是这年8月13日柏林筑墙，所以人们习惯称这届大选为“筑墙选举”（Mauer-Wahlen）。

① 杜勒斯因病已于4月15日离职，由赫脱（Christian Herter）继任国务卿。

第九章　重新统一德国和东方政策

柏林墙是在一夜之间筑起来的，但新的险情事先早已露出端倪。还在“联邦总统危机”之前，即 1958 年 10 月，赫鲁晓夫就对西柏林发动外交攻势。11 月 27 日，苏联政府照会美英法三国政府，宣布终止“四国共管柏林的地位”（Vier-Mächte-Status von Berlin），提出西柏林应成为“非军事化自由城市”，限定至迟在 6 个月内就“新地位”达成协议，否则 6 个月期满，苏联将同民主德国单独缔结协定，将苏联的“权利”交给民主德国。这就是西方报刊上通称的所谓“柏林最后通牒”。柏林筑墙是这一紧张局势的继续和发展到高峰的产物，它堵塞了德国重新统一的现实可能性，从而也沉重地打击了阿登纳的重新统一政策和解决德国问题的方针，并在一定程度上导致了他在两年后并非如愿的退职。

重新统一德国是阿登纳生前没有完成的一项重大事业，也是引起人们对他啧有烦言，颇多议论和褒贬出入很大的一个主要问题。有人说他对重新统一态度不积极，政策不力。有人批评他固执己见，以致几次错过了有可能导致重新统一的机会。有人认为他多少意识到，联邦共和国坚持加入西方联盟本身已使得重新统一成为不可能的事情。1958 年 1 月 23 日联邦议院大会辩论中，前联邦部长古斯塔夫·海涅曼和议员托马斯·德勒(Thomas Dehler)严厉抨击阿登纳的“德国政策失策”，他们的抨击集中体现了上述几种意见和看法。此外，也有不少人指责阿登纳存心不想德国重新统一。

要说阿登纳存心不想德国重新统一，那是没有根据的。阿登纳十分重视并一贯致力于按照他的设想和方案争取实现重新统一，无论是在 1949 年 9 月以前，还是在担任联邦总理 14 年期间，乃至于退职以后直到去世，他一刻也没有忽视这个问题。他有明确的德国问题方针和坚定的重新统一政策，他从世界总的现实形势出发，着眼于西方团结和欧洲统一考虑德国的问题，并随着错综复杂的变化着的情况适时调整他的方案，孜孜以求可能的途径。在不计其数的会议上和会谈中，他几乎没有一次不谈德国和德国重新统一问题。

德国是战败国，在无条件投降后被解除武装，由四大国分区占领。为时不久，战时同盟即宣告破裂，开始形成东西双方严重“冷战”对峙的局面。作为“冷战”的前沿阵地之一就是柏林和德国，1948 年 6 月 23 日至次年 5 月 12 日的“封锁柏林”和“空运接济柏林”，本身就是东西双方进行的激烈“冷战”交锋。在当时这种情况下，不言而喻，不可能设想离开总的国际局势谈重新统一问题，尤其是作为被占领下的德国人根本无权谈这个问题。重新统一的大权掌握在四个战胜国手里，而四个战胜国已分成两个对立的阵营。能设想德国人民或某种力量起来开展斗争或进行“革命”求得统一吗？能设想苏联会同意放弃控制的东占区，让其并入西占区，或西方三国会同意放弃控制的西占区，让其并入东占区吗？能设想四大国首先是美苏会结束“冷战”，让东西占区相互合并，让德国人民自己实现统一吗？即使德国以这种或那种形式重新统一了，能设想它会成为并保持真正的独立或中立国家吗？显然这些都是不可能设想的，何况战后朝鲜问题、越南问题，乃至1953年6月17日东柏林群众闹事和1956年“匈牙利事件”，都或多或少历史性地给了我们以有关的启示。阿登纳一向现实地看问题，他从他的根本政治立场和具体情况出发考虑，一是坚持所谓“德国在和平和自由中重新统一加入自由的欧洲”，二是重新统一必须得到四个战胜国即包括苏联的同意。他认为坚定地跟西方走，同西方结成联盟，不承认民主德国的存在，以抗击“驻足德国中部、驻足易北河畔”的“来自东方的威胁”，正是为了有利于解决德国问题，是实现重新统一的根本保证，所以他从1949年起就采取这样的方针：“我认为聪明的做法是，首先至少确保得到四大国中的三个大国支持……我希望，我们得到了这三个大国的帮助，就有可能在适当的时刻同苏联坐下来谈判。”他坚信，只有（只要）西方强大和团结一致，才能（就能）迫使苏联在谈判桌前坐下来。

阿登纳既反对无需苏联同意即可解决德国问题的看法，也批判不依靠西方三国、单靠自己努力能够实现重新统一的设想。他一再强调指出，“只有经四国同意才能实现重新统一，没有苏联的同意是不行的。单靠德国自己不行，没有力量，结果将一事无成”，只能“以牺牲自由换来统一”，“要是连我们也失去了自由，那对占领区内[指苏占区即民主德国]的德国人还能有什么帮助呢”。由此可见，阿登纳在担任联邦总理后全力以赴争取获得主权，联邦德国加入西方阵营和巩固西方联盟，以及促进欧洲统一等这一系列步骤，实际上都是按照他的设想在为争取实现重新统一做工作,或者说为重新统一创造条件,打下基础。

早在1950年2月1日,阿登纳就任命了一名负责柏林事务的特别代表。3月22日,联邦政府提出关于进行全德选举,召开全德制宪国民会议的主张。应阿登纳总理的请求,西方三国外长在同年9月召开的纽约外长会议上发表声明,承认联邦共和国政府为"代表德国人民"和"为德国讲话的唯一合法政府"。

1951年9月27日,联邦政府提出包括举行全德选举的"14点计划"(14-Punkte-Programm)。德国重新统一问题被列入本届联合国大会议程,方案之一是由国际组织监督在全德境内举行自由选举。经联邦议院所有政党一致通过,阿登纳总理向西方三国高级专员提出,要求在选举之前,由联合国委员会赴德国东、西两部分进行调查,以确定是否具备了举行自由选举的条件。联合国大会就此进行辩论,通过了相应的决议。但由于民主德国后来声明拒绝联合国委员会入境,事情就这样搁浅,而且从此以后,联合国大会不再受理讨论德国问题。

很多人认为,阿登纳两次错过了同苏联就德国问题进行接触的有利机会。一次是1952年3月10日斯大林(Josef W.Stalin)向西方三国提出照会,建议就德国重新统一举行谈判,方案是在四国监督下举行自由选举,德国中立化,拥有自己的军队,撤走所有驻扎在德国境内的外国军队,缔结和约,以及统一后的德国加入联合国。另一次是1953年6月17日以东柏林建筑工人罢工为先导爆发的群众性闹事。人们的看法是,就斯大林的方案举行谈判即使得不出成果,至少也可以摸清苏联提出建议的真实动机和有无解决问题的诚意。而“6月17日”事件则包含着苏联国内存在的因素，尤其可望有利于重新统一，因为据十年后赫鲁晓夫在1963年3月10日《真理报》(*Prawda*)上披露：贝利亚(Lawrentij P. Berija)和马林科夫(Georgij M.Malenkow)当年事实上“企图消灭社会主义国家德意志民主共和国……背弃社会主义建设目标”。

阿登纳之所以对苏联建议不作积极反应，看来主要有两个原因。一个原因是，联邦共和国在当时还不是主权国家，苏联的照会只提交给西方三国，对苏联建议持什么态度，从根本上来说取决于西方三国。西方三国同苏联为此交换照会，一直持续到同年9月下旬(应当指出，西方三国之间对苏联建议的看法并不是一开始就完全一致的)。阿登纳不能贸然行事，以致引起西方三国的猜疑。另一个原因是，阿登纳坚信“欧洲防务集团”能够搞起来，苏联提出建议时，西欧六国正在加紧就“关于建立欧洲防务集团的条约”进行谈判，并于当年5月27日在巴黎签字。他寄希望于通过“欧洲防务集团”巩固和加强西方实力，迫使苏联谈判。他估计，斯大林在这个当口上提出建议，其目的正是想阻止“欧洲防务集团”的成立，况且建议本身还包括了他坚决反对的“德国中立化”。以上两个原因，实际上反映了一个问题的两个方面，那就是，阿登纳认为，跟西方走态度必须明朗，行动必须坚决，否则不仅难以指望西方三国迅速同意联邦共和国成为主权国家，而且还有可能招来四大国“采取共同的对德政策的危险”。阿登纳在紧跟西方走的过程中，对西方三国同样存有戒心，他说：“俾斯麦当年谈到他害怕反德联盟的梦魇。我也害怕梦魇，这个梦魇就是波茨坦。大国采取共同对德政策的危险从1945年起就存在，联邦共和国成立后也仍然存在”，所以“联邦政府在对外政策上一直着眼于摆脱这个危险区。因为德国不可以陷进两块磨盘之间，否则德国就完了”。他还承认说，他在建国初期“最担心和最害怕三国同苏俄骑在我们的背上达成协议”，“坚定地加入西方联盟的目的就在于防止这个危险”，“使我们不至于被当成牺牲品送给苏俄”。至于1953年的“6月17日”事件，更多的只是使阿登纳感到气愤，增强了他对争取“在和平和自由中实现全德国重新统一”的迫切感。他在当年7月1日向联邦议院宣布关于“实现重新统一的六点广泛紧急计划”。这项计划得到西方三国政府首脑的支持，他们随即在7月16日发表声明，要求召开四国会议讨论德国重新统一问题。

此后，在导致联邦共和国成为主权国家的九国外长会议“伦敦议定书”(Schlußakte der Londoner Konferenz)和“巴黎协定”中，西方三国承担了条约义务，允诺“通过和平手段建立一个完全自由和重新统一的德国仍然是三国政策的基本目标”。阿登纳坚定了信心，三国既已庄严作出重新统一的诺言，打消了他担心的四大国回头执行“共同对德政策”这个“波茨坦梦魇”(Alptraum Potsdam)，他感到现在的关键就在莫斯科了，所以他于1955年秋亲自去莫斯科试探。可是苏联这时已不再提全德选举的方案了(最后一次于1955年1月15日提出)，当然更不肯按阿登纳的设想谈德国问题。阿登纳认为，苏联之所以抱这种态度，主要原因并不是“舍不得放弃一个苏占区”，而是有着更长远的战略目标，即企图“在德国保持分裂的局面下，利用德国人渴望重新统一的心情作诱饵，把整个德国拉进俄国势力范围”，进而并统治欧洲，因为要统治欧洲，“关键的地位……是联邦共和国。不掌握联邦共和国，苏俄是不可能统治西欧的”。基于这一考虑，所以他更加坚定地主张欧洲统一，坚持把德国问题同欧洲密切联系起来，或者说德国问题的解决必须以欧洲统一作为前提，或者说要着眼于欧洲统一、从欧洲统一的高度出发考虑解决德国问题。

阿登纳也很注意苏联和中国由同盟关系转而变为相互对立可能对解决德国问题产生重要影响。早在50年代前期，他就预感到苏联担心中国的发展强大。依他之见，苏联也是由于有恃无恐地一心向西方扩张，加强对西欧的影响，所以才不肯谈德国问题；只有当苏联“认识到它的实力不只是在西方有其限度时，它才会诚心坐下来谈判”。因此他希望苏中两国之间的分歧“有助于大大改变中欧的实力对比”，促使苏联认识到这一点。他深信，1955年秋莫斯科之行中赫鲁晓夫对他所说的话确证了苏联害怕中国，肯定了他对苏中之间存在分歧的判断，在此基础上得出了结论，以后在许多场合下都要谈他从莫斯科取得的这点“亲身体验”，阐明他的如下设想：苏联的实力有限，它不可能同时解决提高本国人民生活水平、与西方保持军备竞赛和对付中国的压力这三大任务，而永远同西方处于对立，总有一天苏联会终于迫不得已同西方和解，以便在西方腾出手来去对付中国。他认为时间对西方有利，问题是要耐心等待，静观变化。他还说：“俄国人怕美国，俄国人怕赤色中国。我相信他们怕赤色中国更胜过怕美国。因此，如果能使俄国转过脸去面对赤色中国，从而让美国和欧洲得到安静，那将是一种正确的政策。”

阿登纳坚持“不以牺牲联邦共和国的自由换取德国重新统一”，坚持以西方的团结和强大，在东西方“冷战”对立的局势下，德美步调一致，压苏联谈判德国问题，这就是当时所谓的"实力政策"。

但是，随着苏联氢弹试验成功和1957年10月4日发射人造地球卫星成功，西方国家首先是美国主张缓和的趋势渐次明显，阿登纳开始感到不大容易继续得到西方国家的坚定支持了，完全依靠西方已不够了。他一方面强调要求西方国家信守诺言，无论在同苏联就裁军或欧洲安全与和平举行谈判时，都必须将德国问题联系起来考虑，而且应以德国重新统一作为欧洲安全与和平的先决条件，断然反对一切明的或暗的搞德国中立化的方案和计划。另一方面，他抓住机会同苏联直接接触。1957年2月至4月，苏联总理布尔加宁(Nikolai A.Bulganin)同阿登纳就德国问题两次交换信件，阿登纳在信中要求布尔加宁"给1 700万德国人以自由"。同年11月北约组织巴黎会议期间，阿登纳提议德苏通过外交途径进行接触。1个月后，布尔加宁开展"信件行动"(Briefaktionen)，向80多个国家包括联邦共和国写信和递交备忘录谈德国问题，联邦政府同苏联再次互换信件，持续到1958年1月底，但毫无结果。此后不久，布尔加宁下台，赫鲁晓夫兼任苏联总理，成了同阿登纳打交道的主要对手。

阿登纳越来越为美国急于谋求缓和的政策担心，他意识到重新统一是长时间的事情，像前些年那样以美国为首的西方团结一致、以实力对付苏联的条件已愈来愈成为问题。他寄希望于通过苏联的国内困难和中苏冲突的压力削弱苏联的地位，同时力求使"苏占区"即民主德国居民的生活获得改善。从1958年起，他默许联邦德国驻苏大使汉斯·克罗尔(Hans Kroll)主动找苏联领导人谈问题。他自己在同外国政府首脑会谈中，一再阐述他对中苏冲突及其可能有助于解决德国问题的判断和设想。1958年3月7日和4月下旬，他先后接见了苏联驻波恩大使斯米尔诺夫(André A. Smirnow)和副总理米高扬,在谈话和会谈中,他都再三表示希望苏联"让苏占区德国人能按他们自己的意愿安排生活",并建议给"苏占区以'奥地利地位'(Status sterreichs)"。同年 9 月 3 日,他在卡德纳比亚休假期间向意大利记者说:"我们认为,德国重新统一将随着形势的普遍缓和到来。普遍缓和的前提是就有监督的核武器和常规武器缔结协定。缔结了这个协定,德国重新统一问题就能迅速得到解决。"

在 1958 年底"柏林最后通牒"导致的紧张形势下,由联邦总理府国务秘书格洛布克主持,阿登纳的几个对外政策顾问从既成的事实局面出发,商讨寻求解决问题的可能办法,拟订出一份计划("格洛布克计划")。计划内容为,由四个战胜国和联邦德国及民主德国就四个基本问题缔结协定:(1) 10 年后在联邦德国和民主德国以及西东柏林就重新统一举行全民投票表决;(2) 在未举行至民投票表决以前,10 年中实行"城堡和平"(Burgfrieden),即过渡时期地位;(3) 重新调整柏林的地位,既适用于城堡和平时期,也适用于以后的时期;(4)由联合国监督上述前三点的执行,为此就需要取得联合国对本协定的同意。

1959 年 5 月 24 日杜勒斯因病去世,标志着西德和美国之间历时 12 年的"特别关系"(special relationship)宣告结束,这使阿登纳十分伤心。他和杜勒斯可谓心腹之交,他们有着相同的世界观、伦理观和政治见解。他称赞杜勒斯"头脑精明,有远见,信守诺言",是西方政治家中"最可靠的朋友"。尤其是他认为杜勒斯看问题现实、讲求实际和说话直率,最使他敬服。杜勒斯在 1953 年告诉他:美国和西德应对西方联盟的政治发展起主导作用，因为其他国家政府“都随大流”。后来一次又说：北约组织成员国中“只有美国和西德真正可靠”，两国“就共同政策达成默契，决不牺牲伙伴的利益去同苏联拉关系”。杜勒斯还明确提醒他：“我们在欧洲不执行德国的政策，我们在欧洲不执行法国的政策，我们在欧洲执行美国的政策。”环顾当前的困难处境，想想杜勒斯生前如此直言相告，阿登纳不会不深有感触。

1959 年 9 月赫鲁晓夫访美，同艾森豪威尔在“戴维营”(Camp David)举行会谈，苏美两国领导人各怀居心合念“缓和经”。1961 年初肯尼迪(John F. Kennedy)就任总统后，急于谋求同苏联和解，由美苏两大国主宰世界，这就意味着美国政策最终离开由“德国条约”规定承担的义务，在涉及欧洲安全与和平以及德国问题和柏林问题上，明显地出现了以美英为一方(阿登纳称之为“盎格鲁-撒克逊国家”)和以德法为另一方之间的分歧。这年 8 月 13 日柏林筑墙，美国人除了讲一通吓唬人的大话外，没有拿出任何实际行动，眼睁睁地接受了“墙”的既成事实。

阿登纳当时的处境是十分尴尬的。他未必没有想到，自己身为联邦总理，值此“危急”关头理当立即飞往西柏林。可是，即便他到了西柏林，又能做什么事情呢？有关方面正式通知了美国人，要求出动坦克沿占领区边界行进，也许能迫使对方停止筑墙。可美国人不干，甚至也劝阿登纳千万别急于去西柏林，唯恐再次出现“6 月 17 日”事件。阿登纳迟迟未去，坐失时机，人们认为这是他的重大失策，因为即使他不可能做什么事情，至少可以在这一危难时刻同西柏林居民站在一起，向他们讲几句话，以示体贴慰藉之情。由于他没有及时去，群众的愤怒就转过来冲着他发泄了，今天我们还能从当时现场摄下的历史性照片上看到，抗议筑墙的西柏林居民中，有的举着这样的标语牌："总理到哪里去了，还在玩滚地球吗？"阿登纳自己固然难受，西柏林居民心情的沉重也是可以理解的。

民众对阿登纳的政策不满愈益强烈。联盟党在"筑墙选举"中获胜后，阿登纳费了好大的力气，才以不等 4 年任期满届先行"自动退职"和由艾哈德接替他当总理作为条件，取得自由民主党人的支持和本党内部的同意，组成了他的第四届政府。

柏林筑墙本身就意味"柏林现状"根本恶化，阿登纳的政策活动范围因此大大受到限制。他只能小心又小心地行事，既不能进一步激化已经变得相当紧张的同美国的关系，以致损害毕竟是德国政策一贯支柱的德美结盟，又不能无所作为地处于被动地位，眼看着人家有可能在德国问题上继续作出让步。他对美国领导人的想法和推行的政策忧虑重重，密切注意美苏之间的接触。另一方面，他积极致力于德法友好，试图加强以德法友好为核心的欧洲统一，来弥补德美关系中出现的裂缝。1961 年 12 月 9 日，他在同戴高乐（Charles de Gaulle）总统会谈时，批评美国国务卿腊斯克（Dean Rusk）的一次公开讲话，腊斯克声言"美国和苏联之间不存在对立，对立存在于苏俄和德国之间以及苏俄和台湾之间"。阿登纳指出："腊斯克显然不懂得，苏联的压力归根到底是针对美国的。"戴高乐则告诉阿登纳：从很大程度上说是多亏了他戴高乐态度坚决，所以西柏林至今还掌握在西方手里；苏联虽然表示愿意谈判，但实际上是在对西柏林发动攻势、取得了优势的情况下压西方同它谈，并且要以它提出的条件作基础，而美英两国却只顾打它们自己的算盘。阿登纳极力劝说戴高乐参加四国为举行柏林问题会谈作准备的磋商，他说："倘使法国置身事外而只有盎格鲁-撒克逊国家出席，那可是好了赫鲁晓夫。”

此后，阿登纳又认真考虑进一步提出方案，谋求同苏联直接对话。1962 年 6 月 6 日，他向斯米尔诺夫提出“城堡和平”建议，这个建议的内容同“格洛布克计划”一致，包括 10 年内双方不采取行动和改善民主德国居民的生活。但苏联方面对此不作考虑。柏林筑墙之前，赫鲁晓夫已向德国大使克罗尔强调表示，必须在 1961 年年内就以苏联关于缔和的设想为基础解决德国问题。现在赫鲁晓夫态度更加强硬，坚持主张立即同两个德国缔和，认为在缔和的基础上就能实现友好合作，用不着搞 10 年过渡。

1962 年 10 月 2 日，阿登纳向联邦议院就内政和外交形势作政府工作报告。他在报告结束时宣布：“联邦政府致力于改善同苏联的关系……我再一次声明，联邦政府愿意就许多问题举行谈判，只要我们在占领区的兄弟能按照他们自己的意愿生活的话。在这一点上，对我们来说，人道主义立场比民族的考虑显得更为重要。”

在阿登纳发表这次声明以前，还拟订了一份“债务延期清偿协定”(Stillhalteabkommen)。这是一项没有公开发表的方案，准备供阿登纳同赫鲁晓夫举行谈判用的，1962 年 11 月阿登纳访美时，将内容告诉了肯尼迪。“协定”的主要精神和“格洛布克计划”的根本出发点相同：不承认民主德国，而是在力争改善民主德国居民处境的条件下，在一定的时间内接受民主德国事实上的存在，10 年后必须举行投票表决。据克劳斯·戈托博士援引资料论证，这个“协定”是由联邦外交部起草的。

阿登纳就任第四届政府总理才满一年，内政方面又遇到了意想不到的麻烦。1962年10月下旬，发生了轰动一时的“《明镜》周刊事件”(Spiegel-Affäre)，联邦国防部长施特劳斯因出席联邦议院作证没有讲老实话，不得不于11月下台。阿登纳本人也由于轻率断言《明镜》周刊主编“为了赚钱不惜有计划地出卖国家利益”而涉嫌包庇僚属。他又花了一个半月的时间进行艰苦磋商，才组成了他的第五届政府，而且答应只允许他勉强再当一年总理，即行退职。国际方面，历时6天的“古巴危机”(Kuba-Krise)，在10月下旬使缓和的美梦一度成为泡影。阿登纳在第二年2月6日发表的联邦政府声明中说：“古巴危机表明，美国政府在事关生存和自由的时刻有能力作出最重大的决定。联邦共和国的安全始终取决于同美国的关系。没有美国的支持，就无法保住欧洲。从长远观点看，也只有确保欧洲自由，才能确保美国自由。同美国紧密合作是攸关生死存亡的需要。”明眼人不难听出阿登纳这番话的弦外之音，与其说是赞扬美国政府在古巴事件中表现果断勇敢，不如说是借此机会就这次事件向美国领导人敲警钟，提醒美国领导人不要忘记他们的切身根本利益所在。

在这次政府声明中，阿登纳还重申了愿意谈判的立场。而苏联方面这时也表示，愿意在双方都能接受的条件基础上举行最高一级直接对话，斯米尔诺夫在4月同克罗尔会晤中提出，希望阿登纳邀请赫鲁晓夫访问波恩。但是阿登纳由于考虑自己在本党党内和政府中的处境以及不久即将离职，没有作出积极反应，他说：“有人表示担心，唯恐我利用这件事情作借口在位子上再多待一些时间，因此我不可能指望得到必要的支持。”不难想象，内政方面的一连串麻烦已使阿登纳心情变得多么苦楚。

1963年8月5日，美、英、苏三国外交部长在莫斯科签订了一项

《关于禁止核武器试验的条约》(Vertrag über das Verbot von Kernwaffenversuchen),即通称的《部分禁止核试验条约》,条约规定其他国家都可以参加签字。联邦德国一直反对“两个德国”的论点,执行从外交上孤立民主德国的政策,这样一来,就面临着由于民主德国参加条约签字而意味承认民主德国拥有合法地位的问题。阿登纳对此十分气愤,在同美国举行的会谈中,他问美国国防部长麦克纳马拉(Robert McNamara)美国是不是想要改变自己的对德政策,并表示“美国如果不在这个问题上作出特别声明,我就辞职开路”。在他坚持下,美国终于发表了一项关于并不因民主德国参加条约签字而意味承认民主德国的特别声明,然后联邦政府才于 8 月 19 日决定联邦共和国签署这个条约。

两个月后,1963 年 10 月 15 日,阿登纳退职了。就在这以前不久,他还最后一次作出努力,针对当时苏联向西方大量购买小麦的事实,建议西方国家抓住苏联国内粮食紧张这一有利机会,在提供小麦的同时,要求苏联在政治上作出相应的回报。具体说就是要求苏联允诺改善民主德国和其他东欧国家居民的处境——阿登纳也一直希望,其他东欧国家的不满和反抗,即他所说的“各卫星国独立性的增强”,能有助于削弱苏联的地位。他同戴高乐在 9 月 21 日会谈中就此交换了意见,也同美国进行了接触,但都没有取得结果。

作为阿登纳重新统一德国政策的两个根本立足点,即通过所谓西方强大和团结一致,“迫使苏联交出苏占区”,以及“德国在和平和自由中重新统一加入自由的欧洲”,显然最后都已化为乌有。对于人们指责他不该“优先致力于同美国和西方结盟而忽视了重新统一”,

甚至"前者使后者成为不可能",他的评论是"这些说法十分愚蠢"。他只承认"经验说明,我们不可能在一切问题上都有先见之明",并且完全归咎于苏联应负责任,即抱怨苏联不愿看到和阻挠德国重新统一。特别是在执政后期,他认为他已想尽办法,提出各种方案和建议,有心"向东方开门",谋求同苏联取得协议。"可莫斯科至今态度十分顽固,充耳不闻,只差没有低声下气向莫斯科乞求了,好话已说尽了……"

概而言之,阿登纳的重新统一政策和德国政策给人以僵化和过分理想化的印象。50年代后期开始,实际上又变得十分被动和软弱无力。其根本原因在于,他完全无视民主德国的存在,把政治见解同民族利益截然对立起来,坚持不同民主德国领导人进行任何接触,一心指望依靠外部力量逼使苏联和民主德国就范,而不是依靠德意志人民自己努力争取实现统一。诚然,德国重新统一是一个极为复杂的问题,它牵涉四大国承担的义务,有赖于总的国际形势的缓和和东西方关系的改善,不可能一蹴而就。正因为如此,作为真心渴望重新统一的认真负责的国务活动家,更应该站在以民族利益为重和有利于维护欧洲和平的高度,消除成见,尊重事实,寄希望于全体德意志人民,由两个德国坐在一起,平等地进行讨论协商,抓住国际形势中出现的每一个有利时机,从切实可行的方面(例如经济、文化科技交流……)着手一点一滴地做起。只要有良好愿望和坚持不懈,以联邦德国方面的条件而论,可以想象是能够有所作为的。与此相反,寄希望于外部力量恰恰绝非善策。任何一种外部力量都不可能比自己的民族更出自衷心渴望实现统一,都取代不了同胞兄弟相互捐弃前嫌,济首一堂共商大业。阿登纳尽管也随着时间的推移不断修改具体做法，但并没有从根本上改变自己的强硬立场，无怪乎他到处碰壁，力不从心和一无成就了。

克劳斯·戈托博士在其所著《阿登纳的德国政策和东方政策（1954—1963）》一书中，对问题作了多层次的剖析，在联邦德国一些人士中颇具代表性。我想摘录几段，用作本章的结束语：

"阿登纳努力争取的目标，不是在于恢复1871年建立的那样一个单一民族国家的德国。任何形式的那种民族主义都同他格格不入。从长远观点看，他设想的只能是一个重新统一后加入统一的欧洲的德国，对此他并不肯定未来的欧洲一定属于何种形态或体制"。"阿登纳的德国政策没有成为现实，他的设想在他退职以后保持时间很短。苏联仍在支配民主德国，有关对话的安排仅限于开始阶段，民主德国的处境没有获得改善"。"阿登纳直到去世时都深信自己的看法正确，他认为尽管要冒失败的风险，但坚持努力机会仍然很大。这一希望是出自阿登纳的根本原则立场，那就是，以高度忍耐和坚定信心争取实现既定的目标，不仅政治领域内如此，而且这也是他生就的性格。他在辞去党主席职务的讲话中，表达了他的这种鲜明的根本性格，他说：'我们的工作还没有做完。我们要继续工作，就像迄今以来那样，坚持不懈，目标一致，不摇摆和咬紧牙关忍耐。因为忍耐永远是战败者的最强有力的武器，而我们始终仍是战败了的人民。'"

第十章 欧洲统一

阿登纳在他的首卷《回忆录》第一章“对德国形势的想法和考虑”一节中,详尽地记述了他在第二次世界大战结束后对国际政局的估计。1945 年 10 月 31 日,他致信当时杜伊斯堡(Duisburg)市市长海因里希·魏兹说:“俄国手中掌握了东边半个德国、波兰和巴尔干,看来还掌握了匈牙利和一部分奥地利。俄国越来越不同其他大国合作,在它控制的地区内独行其是……俄国控制的东欧同西欧之间的隔绝已属既成事实。西欧的领导国家是英国和法国。”他表示,只有处在苏联势力范围以外的“欧洲联合起来”,才能有效地防止苏联“继续向西方推进”。这封信中虽然没有提到美国,但关于美苏战后居于两个相互对峙集团为首地位的想法,早已在他的考虑之中。另一方面,如他在同一封信中写道,“法国和比利时的安全要求,从长远看,只有通过将西德、法国、比利时、荷兰、卢森堡的经济密切地结合在一起,才能实现。如果英国也决定参加进来,那么我们就能向这个十分值得欢迎的最后目标即西欧国家联盟靠近一大步”。

这封信实际上扼要地勾画出了阿登纳主张欧洲统一的根据及有关设想，那就是：对付苏联的扩张主义，认真满足西邻各国的安全要求，德法两国谅解友好，苏联和受苏联影响控制的东欧国家不包括在这个统一的欧洲之内，具体步骤先从经济上联合着手做起。

在阿登纳的心目中，苏联是当今最大的扩张主义者。他研究了近 150 年至 200 年以来俄国和苏联的历史，得出结论说："仔细研究一下俄国的历史，就会知道，大概没有任何其他一个国家像俄国、像苏联这样，在同一时期内进行过那么多次战争，撕毁过那么多条约，扩大了那么大片的领土。俄国历史上的主要倾向就是向西方扩张。"他认为这种"全面扩张的欲望"由于"共产主义意识形态而变得更加强烈"，"沙皇扩张主义政策的传统同共产主义统治世界的强烈意识形态结合在一起，使得苏俄的政策具有危险性"。他深信苏联"政策目标是一清二楚的，即力图由苏俄统治欧洲。关键……是联邦共和国"，所以他把苏联看成联邦共和国和西欧国家的头号敌人，强调表示"我们以高度注意和小心面对这一整个领域，它是我们的真正死敌"。从这些论述可以看出，阿登纳固然认为，通过第二次世界大战"欧洲已经济上变穷，政治上被削弱"，欧洲国家如不联合起来，无论政治上或经济上都难以保持和发挥它们的作用，但从更直接的现实政治角度来看，欧洲统一首先也是旨在联合起来对付他心目中的这个共同的敌人。这和 20 年代初阿登纳极力反对德国同苏联签订"拉巴洛条约"取得和解的想法是一脉相通的。

认真满足西邻各国的安全要求和德法两国谅解友好，这同样是阿登纳的一贯思想，是 20 多年前他在科隆市市长任内限于具体历史条件未能实现的事业。另一方面，他在上述致魏兹的信中虽然肯定

“西欧的领导国家是英国和法国”，但在谈西欧各国经济结合提到英国时，却用了“如果……那么……”的条件语气或假定语气措辞。这显然说明，他在当时即已认为，英国对待欧洲统一问题的态度和所起的作用明显不同于法国。他的这一估计，已为后来欧洲统一事业具体进程中由于英国本身所持态度或其他国家对英国的态度而引起的种种麻烦和问题所证实。

阿登纳不遗余力地宣传欧洲统一的思想和主张，他在1945年重任科隆市市长时，一开始就呼吁市民说：“我对我的故乡城市居民的希望是，继续做好样的科隆人和德国人，并且成为好样的欧洲人。”从他的许多讲话和撰写的回忆录中也可看到，他经常勉励自己说：“我是德国人，但我现在和过去也一直是欧洲人，怀有欧洲人的感情。”

1948年5月，阿登纳出席海牙欧洲团体代表大会（Kongreß der europäischen Verbände）会见丘吉尔，同年8月参加阿姆斯特丹普世教会会议（Weltkirchenkongreß）首次认识杜勒斯，都和他们就欧洲统一交换了看法，得到他们的赞同。1949年3月28日，他以议会委员会主席身份应邀参加伯尔尼各国议会联盟（Interparlamentarische Union—IPU）代表会议，这是他在战后第一次有机会在国外就德国的情况发表正式讲话。他在讲话中系统地阐述了欧洲统一的必要性和他的有关设想，指出“德法两国谅解是欧洲统一的核心”，并且踌躇满志地表示：“但是我可以毫不夸大地说，欧洲的发展取决于德国的发展。”这一提法进一步清楚地表明，在他的考虑中，已把德国问题同欧洲统一密切联系起来，德国要在欧洲统一事业中扮演重要角色。

在50年代中期以前尖锐“冷战”对峙的国际形势下，东西双方阵营之间界线分明，西方国家出于共同的利害关系，能够基本上做到步调一致。如同阿登纳在回忆录中所记述的，“欧洲各国政治上团结的必要性，在第二次世界大战结束后得到一致公认”，1948 年 4 月 16 日十六个国家在巴黎签订“欧洲经济合作组织”(OEEC)协定，1949 年 5 月 5 日十国签署“欧洲理事会章程”(Statut des Europarats)，1950 年 5 月 9 日宣布“舒曼计划”(Schuman-Plan)，都是“旨在一步步实现欧洲统一，而且是首先从经济方面一体化开始，接着通过政治方面一体化和最后通过军事方面一体化求得实现”。阿登纳领导下的联邦政府紧跟以美国为首的西方联盟，把巩固德美关系及促进欧洲统一，同争取使联邦共和国成为主权国家结合起来，一步一个脚印地前进。他在回忆录中写道：“联邦共和国从 1949 年成立起，就以欧洲思想作为自己对外政策行动上最重要的指导原则之一”，“在议会委员会制定基本法时，我们即已规定一条，可以通过简便的法律手续，把我们的一部分主权转让给欧洲共同体。这是由于承认一个看法正确，即经过大战后形势的发展，单一民族国家再也无法确保欧洲在世界上的地位”。

可是，即使这样，由于西邻各国对西德存在担心和猜疑，首先是由于法德两国之间积怨很深——法国在 70 年中 3 次遭到德国入侵——，在争取谅解友好的道路上仍然困难重重。1950 年 3 月 3 日，法国同萨尔签订《萨尔协定》(Saarkonventionen)，这些协定实质上意味兼并萨尔，因而严重不利于德法和解。为了争取排除这个障碍，阿登纳在 3 月 7 日接见美国记者约瑟夫·金斯伯里·史密斯(Joseph Kingsbury Smith)发表谈话，提出建立“欧洲政治联盟”的方案，主张以“法德两国完全联盟”(vollständige Union Frankreichs und

Deutschlands)作为“解决所有有关萨尔和其他问题的工具”。阿登纳指出,“法德两国建立联盟将使害有重病的欧洲获得新生和活力……是实现欧洲统一的唯一可能途径”,“前提是这个联盟应允许英、意、比、卢、荷等国参加”,借以避免“使人们感到,似乎德法两国结成集团,把自己的意愿强加给其他国家”,从而为建立“欧洲合众国”(Vereinigte Staaten von Europa)打下基础。1954 年 8 月 30 日法国国民议会否决“关于建立欧洲防务集团的条约”,这一事件尤其使阿登纳感到痛心,因为“欧洲防务集团”像“舒曼计划”一样,是设想中既定的“欧洲政治联盟的准备阶段”,作为“欧洲防务集团”的监督机构的“议会会议”(Parlamentarische Versammlung),其任务就在于审议“由于各种已有的或拟议成立的欧洲合作组织并存而产生的问题,以便确定将它们建成联邦性质的或邦联性质的联合机构”。阿登纳在痛心之余深深感到,实现作为欧洲统一的核心的德法谅解远不是容易的事情,他气愤地对孟戴斯-弗朗斯说:“您不要忘记,我是唯一一个把欧洲统一放在自己祖国统一的前面考虑的德国总理。我情愿牺牲德国的重新统一,如果我们能进入一个强大的西方阵营的话。”

阿登纳当然并没有把重新统一德国同西方联盟这样截然对立起来,他这句气头上的话,毋宁说倒是更加清楚地表达了他争取欧洲统一的决心。以后联邦共和国通过加入《布鲁塞尔条约》的曲折道路,获得了主权,成为“西欧联盟”和北约组织中地位平等的成员。就此,他在回忆录中概括自己的感触写道:“通过两次战争,通过伴随着战争出现的革命和暴乱,特别是由于苏联的大肆扩张——首先是在欧洲扩张,欧洲自由各国人民的联合已成为政治上的第一需要”,“我认为欧洲的单一民族国家已属于过去,不会再有前途,从政治上、经济上和社会上说一概是如此。没有任何一个欧洲国家能单靠自己的力量确保本国人民的可靠未来”。同时，他也点明他的策略思想取得的胜利，指出“通过欧洲政策很快克服了原来的对立，改变了战败和处于被占领下的德国同敌对国家之间的关系”。他把德国问题同欧洲统一密切联系起来考虑，认为这需要经历一个长时间的过程，而德国问题又决不能以德国中立化作为代价求得解决。所以当“冷战”白热化程度渐次减弱，代之以美苏接近谋求缓和主宰世界的趋势时，他十分注意和批判认为重新统一纯粹是德国的事情的观点，反复强调“重新统一是欧洲的事情，关系到欧洲的安全，因此是极其重要的世界政治大事”。他说：“把重新统一看成只是德国的问题，那完全错了……试想，要是俄国人把我们拉进了他们的势力范围，荷兰、比利时、法国该会怎么样呢？要是莫斯科控制了整个西欧，那对美国关系多么大啊！一定要让这些国家懂得，德国问题直接攸关它们自身的利益。”与此同时，他坚决反对任何带有搞德国中立化的方案和计划，他的这一立场，即使反对党也无法从根本上加以非议或否定。因为中立化就意味不能同任何一方结盟，意味孤立无援，没有朋友。而且“中立意味时刻处于被监督之下。在一个随时受监督的国家里，怎么能有健康的生活呢？这样的国家将是二、三流国家，别人可以想拿它怎样办就拿它怎样办”，“而且德国处于欧洲中部……德国中立化了，就根本不可能有统一的欧洲”，最后结果“只会好了共产主义势力”，这是社会民主党人也决不愿意的。总之，他竭尽全力坚持联邦共和国同西欧紧紧联在一起，西欧又坚定地同美国结盟，以此对付“来自东方的威胁”的总方针。他的欧洲统一政策也就是他的德国政策。他直截了当地说：“人们经常问，是否有取代欧洲政策的变通办法？欧洲的毁灭过去是和现在仍然是地地道道的变通办法。”

1957年1月1日，萨尔回归德国，德法两国之间实现和解道路上的一大具体障碍得以消除。阿登纳在回顾这一成就的同时，再次声明他领导下的政府致力于欧洲统一的决心，把萨尔问题的解决归因于放眼欧洲的思想取得的胜利。他说：“德意志联邦共和国愿意尽一切可能为创建统一的欧洲作出贡献。我们认为，法德两国之间的良好关系乃是任何一种形式的欧洲统一的核心内容。德意志联邦共和国成立以来，我所组成的历届联邦政府为此全力，进行了工作。建设性地处理困难的萨尔问题的做法，就是我们致力于此的一个令人鼓舞的成果。没有着眼于欧洲的思想，法德两国是决不可能这样解决萨尔问题的。”他高度评价法国“慷慨大方，同意尊重萨尔居民的意愿”，并借此机会再一次瞻望德法两国睦邻友好的远景，表示坚信萨尔问题的终于解决“为我们两国的持久和紧密合作，为我们唇齿相依的两国人民之间日益增长的友好关系奠定了基础”。

同年3月25日，西欧六国在1955年6月2日《墨西拿决议》(Beschluß von Messina)的基础上，在罗马签署《关于建立欧洲经济共同体和欧洲原子能联营的条约》，第二年年初欧洲共同市场宣告成立。阿登纳设想中的欧洲统一由此前进了一步。这个条约本身是经济性的，但六国承认以实现政治上的统一作为它们的共同的目标。阿登纳相信，欧洲统一事业从此有了一个现实可靠的基础。然而此后实际情况表明，六国之间的合作并不像他设想的那么顺利。由于英国本身对加入共同市场犹豫不决，由于法国一方在共同市场内经常强调自己的情况特殊，以及由于六国、首先是法国对英国加入共同市场持有不同看法，以致欧洲统一进展缓慢，踏步不前。

英国在当时没有加入欧洲共同市场,阿登纳认为,主要原因在于英国考虑"英联邦"(Commonwealth)的利益和英国同美国的"特殊联系"(besondere Bindungen)。他感到英国之所以持这种态度,同英国历史上所处的地位有关,他没有忘记丘吉尔对他说过的话。丘吉尔战后虽然积极主张欧洲统一,于 1946 年 9 月首倡建立"欧洲合众国",但在 1953 年 5 月明确告诉阿登纳:英国把"美国、大不列颠和英联邦、统一的欧洲看成相互联在一起的圆圈。这三个圆圈应当三环相扣,但大不列颠并不与统一的欧洲结为一体",英国只作为统一的欧洲的"好心朋友"(wohlwollender Freund)。阿登纳认为,英国始终还没有意识到世界形势已经发生了深刻变化,历史上的"大英帝国"和"海上霸王"早已成为过去,没有意识到:"岛国"今天的命运已同欧洲大陆紧相依联,休戚与共。他对英国的犹豫不决表示可以理解,但深深为之惋惜。

与此相反,阿登纳对戴高乐一直取积极肯定的态度。早在 1945 年 8 月萨尔布吕肯发表的一次讲话中,戴高乐就明确提出"法国人和德国人应当一笔勾销过去的事情,进行合作,不忘记他们同是欧洲人"。1950 年 3 月 16 日,戴高乐声明赞同阿登纳关于建立"欧洲政治联盟"的方案,指出"欧洲未来的发展在很大程度上取决于德法两国关系的发展"。如果说,阿登纳在 20 年代担任科隆市市长期间发出的谅解信号没有引起哪个法国人认真作出积极反应的话,那么现在毕竟有了一个和他抱有如此相同见解的戴高乐。这使阿登纳感到欣慰。戴高乐于 1958 年 6 月 1 日重新上台,稍后就任法兰西第五共和国总统。阿登纳对戴高乐掌权促成德法谅解和推动欧洲统一寄予厚望。这年 9 月 14、15 两日,他同戴高乐在科隆贝双教堂(Colombeyles-deux-Eglises)首次会晤，就对戴高乐抱有“特殊好感”，承认戴高乐的风度和人格给他留下了深刻印象，不过关键性的一点还是戴高乐和他有着共同的政治见解，认识到法德两国政治上利害相关，认识到欧洲统一的必要性。阿登纳也知道戴高乐本质上是单一民族国家主义者，戴高乐心目中的欧洲是所谓“多祖国的欧洲”(Europa der Vaterländer)，怀有“大法兰西使命感”，不主张共同市场一体化政策中的“超国家”因素，军事上想要使欧洲摆脱美国的控制。另一方面，阿登纳对历史上俄法两国结盟也怀有戒心。据1958年至1962年期间联邦德国驻苏联大使克罗尔记述：“从我到莫斯科任职起，阿登纳博士在和我谈话中，一再提醒我注意并经常向他汇报法苏关系的动向……想到第一次世界大战前俄法协约及其给我国人民带来的大不幸后果，他内心深感不安。他也没有忘记，是戴高乐将军在1944年同斯大林谈判再次签订俄法同盟条约的。”此外，戴高乐还在1959年声明承认“奥得—尼斯河线”(Oder-Neiße-Linie)是德国东部永久性边界。但尽管有这些，阿登纳从自己同戴高乐多次举行的会谈中，看到戴高乐始终积极主张欧洲统一和法德友好，所以他对戴高乐寄予厚望，倍加赞赏。

1962年4月17日，共同市场六国外长在巴黎开会，磋商关于建立政治联盟的方案。在此之前，戴高乐和阿登纳已先后分别同意大利总理范范尼(Amintore Fanfani)举行商谈，取得了一致意见，认为六国必须用政治合作进一步补充经济合作，以此推动欧洲统一事业。可是在巴黎会议上，荷兰和比利时两国外交大臣表示，只要英国不加入或者至少不终于作出决定加入共同市场，就坚决不同意扩大六国现有合作内容。结果会议对建立政治联盟的方案没有取得一致，欧洲统一就此搁浅。

据阿登纳所见,六国此次未能取得一致的主要原因在于“单一民族国家思想”回潮,很大程度上在于法英两国之间闹隔阂。他叹息地说:“战后初期欧洲各国人民要求联合起来的心情迫切得多,政治家对联合的必要性也明确得多”,“现在各国人民总的说来恢复了元气,日子好过了,对共同事业眼光变得模糊了”。他认为“英国不愿意让法国领导欧洲”,而戴高乐则恼火英国在一些事情上(例如研制“北极星导弹”)不肯向法国交底,倒是背转身去找戴高乐不喜欢的美国密谈。这么一来,舆论中就相应地出现了所谓欧洲统一问题上的“大西洋派”(Atlantiker)即“大欧洲派”、和“戴高乐派”(Gaullisten)即“小欧洲派”之间的分歧。在人们看来,阿登纳自然属于“戴高乐派”,而且是这一派的关键人物。阿登纳对这种说法很生气,他指出这是“不负责任”,“政治上无知”和“愚蠢”。他批评说这种话的人太不懂得历史,不懂得或者忘记了过去“德国多么孤立,在全世界孤立,我们同法国关系不好起了多么不利的作用。谁也不帮我们,大家都支持法国”,“那时候的德国多么孤立,为人们所不齿!”他一贯强调“只有最终消除了德法两国之间的不和,才能拯救欧洲,从而也拯救法国和德国”。他提醒人们要从西方集团的长远利益着想说:“苏俄同美国之间现在存在的紧张关系总有一天会消释,可德国同法国则永远是邻居,只要两国双方的人没有全都死绝的话。”他在思想上和感情上都倾向于法国,肯定法国对欧洲统一事业的积极性和所起的重要作用,同英国加以比较说:“尽管英国加入共同市场非常值得欢迎,可我们必须懂得,没有法国共同市场就等于零,政治联盟也是如此”,“没有英国大家可以先干起来,虽然还不尽善尽美。而没有法国就根本成不了事”。他表示欧洲统一的方法可以灵活,形式可以多样,无论联邦、邦联或一体化都行,“戴高乐主张‘多祖国的欧洲’,那有什么不可以呢? 重要的是行动,先做出开端”。他还针对人们对戴高乐提出的某些批评,为戴高乐辩护说:“第四共和国那阵子又是什么情况呢?一届届政府像走马灯,总理更换不迭。戴高乐大大提高了法国对内对外的威望。戴高乐最大的成就是使得法国稳定,而这是有利于整个西方世界的。”他还埋怨指责戴高乐的人不想想:“一旦戴高乐不在,除了共产党以外,法国就再没有任何一个起重大作用的政党了。”

另一方面,阿登纳对美国奉行的政策越来越忧心忡忡,对北约组织内部意见不一致和西欧国家不齐心合力的倾向忧心忡忡。他承认“欧洲本身有着悠久的文化”,但却“要受美国由于 4 年一度总统选举政策不稳定而造成的不利影响”,感到这种仰他人鼻息的日子不好过。他一有机会就公开警告美国不要把对外政策的重点从欧洲转移到亚洲,批评美国深深卷进亚洲、卷进越南战争的做法是将力量摆错了地方。鉴于美国热衷于同苏联谈判缓和给欧洲统一包括德国问题不断带来麻烦,为了对付可能出现的不利情况,为了较好地掌握主动权,他决心更紧密地靠拢戴高乐。据不完全统计,从 1959 年 12 月起至 1963 年 10 月退职止不到 4 年中,他同戴高乐双边互访会谈达 11 次之多。在同一时期内,他同美国政府首脑双边互访会谈 5 次,同英国政府首脑双边互访会谈 2 次。而且在这 11 次互访会谈中,他们两人几乎没有一次不议论美国执行的政策,没有一次不分析美英两国态度和动向对欧洲及德国问题带来的影响和利弊,并商量如何采取对策。德法两国如此靠拢接近,当时的舆论界称之为“波恩—巴黎轴心”(Bonn-Paris Achse)。从实质上说,这一现象反映了阿登纳在担任联邦总理后期作出的一个重大战略性决策,那就是,他想以德法紧密合作补充德美友谊,必要时平衡或牵制英国同美国的“特殊联系”。

1962年4月欧洲政治联盟方案搁浅后,阿登纳没有泄气,他一向认为,只要坚持继续努力,寻求可能的办法,“重新做出开端,为时始终不晚”。本着这一思想,他和戴高乐再次分别去意大利找范范尼商量,建议召开共同市场六国政府首脑会议,就政治统一问题重开谈判,但范范尼不同意。在这种情况下,阿登纳和戴高乐下定决心,先由德法两国合作做起。阿登纳表明他的看法说:“如果一时找不到最好的解决办法,那就采用比较好的或大体上好的解决办法。如果大家不同时一道干,那么愿意干的先干”,要紧的在于“拿出实际行动做出个开头”。该年7月和9月,阿登纳和戴高乐进行互访,通过反复会谈磋商,终于达成了《德法合作条约》(Deutsch-Französischer Vertrag),定于1963年1月22日在巴黎签字。《德法合作条约》的签订本身无疑具有深远历史意义和重大现实意义,因为它终于正式宣告结束德法两国之间历时好几百年的宿怨敌视,为今后进行友好合作打下基础,有利于促进欧洲和平和统一事业,在条约签字前不久,即1月14日,戴高乐因发表声明反对英国加入欧洲共同市场,为此遭到舆论界又一次猛烈抨击。阿登纳也受到很大的压力,一些人劝他不要在《德法合作条约》上签字。他虽然对戴高乐的这一做法也感到不满,但想到历史机会不可错过,机不可失,时不再来,何况他自己很快即将退职。所以他还是按商定的日期到巴黎签署了条约,并且从大处着眼,肯定和赞赏戴高乐对促成德法谅解作出的贡献。他说:“戴高乐同德国缔订了友谊,这是任何其他一个法国人不曾做到的”,“是戴高乐,是他伸出手在德法条约上签了字”。

第十一章　阿登纳与中国

阿登纳是有远见的、杰出的西方政治家和国务活动家，他运用历史分析的眼光，从观察第二次世界大战结束后总的形势出发，很早就意识到亚洲和非洲各国人民的兴起，尤其是中国取得的胜利和发展壮大，对改变世界力量对比所产生的愈来愈大的影响和在解决国际问题中日益增加的重要作用。他明确指出："1945年以后才出现在世界政治活动中的另一个影响巨大的因素，是非白种民族登上世界政治舞台。"他把中国也列为"超级大国"，并且不止一次地在分析判断国际局势以及同外国政界人士举行会谈中强调说明他的看法："一边是苏俄和苏俄的卫星国家，另一边是美利坚合众国，赤色中国是正在发展壮大的第三个超级大国"，"现在的超级大国是美国和苏联以及居于稍后的赤色中国。现在欧洲已再也没有大国了。既成的事实是，自由的欧洲国家都在核大国的影子里过日子"。

阿登纳在谈到中国时，经常都在前面冠以"赤色"两字，有时甚至使用"赤色中国人"的提法。他很清楚，中国的胜利是在中国共产党领导下取得的，中国是社会主义国家，走社会主义道路，以实现共产主义作为自己的理想奋斗目标。所有这些，同他作为个人的世界观和政治见解，无疑都是不一致的。但是，世界观不同，政治见解不同，社会制度不同，在通常情况下，本身并不妨碍国家与国家之间建立和发展正常关系。中国和联邦德国之间不存在历史上悬而未决的问题，没有任何直接利益冲突，阿登纳作为联邦政府首脑又如此肯定中国在国际上的重要地位，并且几乎从一开始就不认为中国属于他心目中同联邦德国有着直接利害矛盾的“苏联集团”。可是，联邦德国和中国之间很长一段时间内仅限于贸易方面的往来，至少在阿登纳担任联邦总理 14 年期间未能建立邦交，这似乎可以说是现代国际关系史上一个发人深省的事例。

坚决加入西方阵营巩固德美结盟和在自由中实现德国重新统一，这是阿登纳总理的既定方针和给自己提出的任务，而重新统一又必须得到四个战胜国，尤其是必须得到其中之一的苏联的同意才行。但现实情况却告诉他，苏联并不轻易同意德国重新统一，至少不轻易同意按照他的设想实现德国重新统一，而是相反一心谋求在西方扩张实力和加强对西欧的影响，毫无就解决德国问题举行认真谈判的诚意。在阿登纳看来，只有当苏联认识到自己的实力不单单是在西方有其限度时，它才会迫不得已同意坐下来谈判，为此就必须对苏联施加压力。压力从哪里来呢？阿登纳的看法是，首先在于美国的强大，西方的团结，即以美国为首的西方国家齐心合力，同苏联针锋相对，寸步不让，这是主要的压力。在这一方面，阿登纳经过建国后几年中孜孜不倦地极力争取，已同西方国家结成了“冷战”实力集团。

但是他认为，单靠这一方面的压力还不够，还必须有另外一股压力，最好是“来自苏联背后的”压力，以配合针对苏联推行扩张主义的主攻方向、即从西欧正面施加的那股压力，两面加压，才能最终迫使苏联改变态度，愿意真心谈判。凭着他过人的政治直觉感和观察力，阿登纳很早就预见到苏联和中国之间可能存在分歧，由分歧将发展为对立和冲突，这种对立和冲突势必影响并改变中欧的实力对比，从而促使苏联意识到“来自背后的危险”，不得不停止在西方推行强硬政策和扩张主义。这样就可望有利于德国问题的解决。

苏联和中国在 1950 年 2 月签订《中苏友好同盟互助条约》，结成同盟关系。但从现有种种资料包括他的讲话和回忆录来看，阿登纳在 1952 年即已作出苏联不可能长期坚持同西方紧张对峙，因为苏联“背后出现了中国的危险”的估计。阿登纳的论据是：“苏俄力图按自己的设想把亚洲变成共产主义。它必然要同中国人发生冲突。中国人同样试图使亚洲布尔什维主义化，不过是按照中国人的设想和由亚洲人当领导。”1954 年 2 月 18 日，杜勒斯访问波恩，同阿登纳在会谈中议论中苏关系。他们都感到“有足够的理由认为俄国人在这方面有些担心，看来北京不会完全受制于俄国人。”他们还认为，中国可能奉行一种不依赖于苏联的政策，也许甚至不一定会长期同苏联站在一起。同年 7 月 6 日，联邦议院外交委员会开会，研究有关商讨解决印度支那和平及朝鲜问题的日内瓦会议的情况，阿登纳在会上讲话中说：“如果共产主义集团不再由于增加一个中国进去而进一步扩大，那自然是值得欢迎的事。中国是否长期同莫斯科联在一起，现在还不能预言，因为事情还在发展中。”他表示“德国不能把自己的立场建立在这种或那种假定的基础之上，它只能观察，它只能耐心等待事态的进展”，因为“联邦共和国的政治活动能力受到限制，它始终还是处于被占领下的国家，在涉及亚洲的问题上它只能做旁观者”。从这些话可以看出，作为一个同苏联之间有着关系重大的问题需要解决的国家的政府首脑，阿登纳一方面对中国的情况给予高度重视，他虽然还不能断言肯定，但确已预感到中苏两国之间可能存在分歧，并已开始把这一分歧的存在和发展同德国联系起来考虑。另一方面，他也想到必须谨慎，不能轻率地作出结论，以致由此而影响同西方国家的关系。

阿登纳注意观察中苏两国关系的发展和动向。他在同国外政治家会谈中，经常注意中苏之间贸易换货协定的执行情况，了解苏联援助中国计划建设工程项目的进度。就在这一时期前后，他读了威廉·施塔林格尔(Wilhelm Starlinger)教授所写的《苏联实力的限度》(*Grenzen der Sowjetmacht*)一书手稿。

威廉·施塔林格尔是原东普鲁士(Ostpreußen)柯尼斯堡(Königsberg，现名加里宁格勒)的传染病大夫，曾经在苏联的监狱和集中营里当过多年医生，接触到许多原来担任苏联中级干部的犯人，有机会同他们谈话。他从这些谈话中确信“苏联害怕中国，主要是害怕由于中国人口众多而对苏联边界造成压力”。《苏联实力的限度》一书，就记述了他在苏联的见闻和他的分析及看法。他在书中写道：“如果在不多的几年内，7 亿人民面临着空间的压力，那将会发生什么事情呢?”“这就意味着，中国在它现有的生存条件下，只能向北方和西北转移。而且这一次将更加充满新的活力，怀着得胜者的感觉做前人做过的事情……即中国农民……在一代人之间几百万下关东。如果俄国让步，那将是和平地进行。否则，要是俄国态度强硬，那么迟早要发生战争——为了土地而终于流血冲突。”施塔林格尔在书中提出结论说：“这一迟早要出现的发展……中俄两国的对立，结果将使世界政治大局完全改观。”

阿登纳感到，施塔林格尔在书中的论述正符合他自己的预感，认为这是为他提供了根据，说明不仅中国将奉行独立的政策，而且苏联和中国之间确实可能存在分歧，由分歧势必发展成对立。他对施塔林格尔的见解十分重视。1955 年 2 月 13 日，他同施塔林格尔一道出席在汉诺威(Hannover)举行的一次大型集会，并且双双在会上讲了话。施塔林格尔在讲话中再明白不过地说，由于“7 亿中国人的人口压力”日益增加，“俄国人有一天将会设法从他们的西部边界寻找力量，以确保背后的安全。在那样的情况下”，德国同苏联“和解的重要时刻就来到了”。阿登纳自己在这次讲话中没有直接提到中国，但显然他是赞同施塔林格尔的论断的，因为不然的话，很难设想他会同施塔林格尔一道出席这次集会，而且施塔林格尔的讲话还由基民盟印出来散发。

阿登纳对中苏关系的估计和考虑从此前进了一大步，他在 1955 年春天说：“自由世界应当设法利用俄国人目前的弱点，促使俄国人停止他们对西方施加压力，而首先面向真正威胁着他们的危险即中国。中国的人口每年增加 1 100 万至 1 200 万……人口的增加将在 10 年左右对苏联构成极大的人口压力。因此中国在今后不久将成为苏联的主要心事，这并不是过分乐观的看法。”他深信这是世界政局中新出现的一个因素，这个因素对解决德国问题可能产生重大影响。同年 8 月 1 日，中国和美国分别通过各自驻波兰和驻捷克斯洛伐克大使，在日内瓦开始举行会谈，阿登纳于 7 月 27 日从休假地米伦写信给这年6月7日起接替他任联邦外交部长的海因里希·冯·布伦塔诺(Heinrich von Brentano)说:美中两国在日内瓦开始进行的接触,对联邦共和国有极大的利害关系,因为由于美中接近,苏联用来对付联邦共和国的实力也会减轻。他责成冯·布伦塔诺注意仔细收集与中美大使会谈有关的情况,整理好派专人送给他。

这年9月,阿登纳访问莫斯科,同苏联领导人就两国之间的问题举行谈判。如果说,在此以前主要是施塔林格尔的论断促使阿登纳对中苏分歧形成了固定看法的话,那么决定他对中苏对立冲突感到确有把握的,正是他的这次莫斯科之行。他在回忆录中记述赫鲁晓夫向他明确提出请求道:"赫鲁晓夫再一次谈到中国。他称中国是最大的问题……'您帮助我对付中国!'迟疑了一下又说:'并且对付美国人……'"在另外两处还记述道:"赫鲁晓夫说:'中国该会弄出什么事情来呢?'赫鲁晓夫在1954年秋天率领俄国代表团到北京举行了会谈,作为这次会谈的结果是俄国人不得不向中国作出很大的让步。从谈话中可以清楚地听出对中国的担心","我清楚地感到,苏联政府自己开始懂得,它不可能同时完成它的主要任务,即改善本国人民生活水平、在核军备上同美国并驾齐驱和准备同中国争论"。据阿登纳记述,赫鲁晓夫的上述请求和问话都不是在谈判桌上提出来的,而是在会谈间歇休息时,背着其他苏联领导人私下向阿登纳说的。我们不知道赫鲁晓夫当时究竟是出于什么真实动机,如此贸然地作出这些表白。是否意在向阿登纳表示"推诚相见",套套近乎,以期打开谈判僵局,争取阿登纳同意苏联方面迫切希望的德苏两国建立外交关系。或者是否甚至意在试探离间德美关系("并且对付美国人……")。总之阿登纳没有作出任何反应,他的想法是,如果答应赫鲁晓夫提出的请求，那将是“对欧洲和美国不忠。而且在目前这个时候，在未同自由世界其他国家取得密切联系的情况下答应帮助俄国人，那等于是把脑袋送进狮子的血盆大口”。但不论如何，赫鲁晓夫的话给阿登纳留下了深刻的印象，他感到自己的预测已得到苏联领导人亲口直接证实。以后他一有机会，就要宣传介绍他的这点“亲身体验”。1958年9月他首次会晤戴高乐，向戴高乐谈了赫鲁晓夫明确表示苏联害怕中国的发展。1961年4月中旬他访问美国，告诉肯尼迪说，赫鲁晓夫坦率地向他承认“俄国在世界上面对两个敌手：美国和中国”，并“请他帮助俄国对付这两个敌人，其中特别是强调对付中国”。可以看出，有了莫斯科之行的这点“亲身体验”，阿登纳的推测已变为确有把握的定论。

在当时，甚至直到50年代后期，虽然也有人感到中国和苏联之间可能发生对立，但一般都认为这是遥远的将来，最早也要到中国基本上实现了工业化以后，才会有的事情。例如，为美国兰德公司(Rand-Corporation)定期撰稿的著名中国通、美国人艾伦·S.惠廷(Allan S.Whighting)，在1959年9月还不赞同施塔林格尔的论断，指出“所谓中苏分裂‘不可避免’的想法，显然是用来医治我们为莫斯科和北京苦恼的政治头痛病的阿司匹灵。正像用阿司匹灵治病一样，问题只不过是被推迟，但并不能真正获得解决”。联邦外交部专职外交人员同样持否定看法。联邦德国驻香港总领事馆及总领事赫伯特·狄特曼(Herbert Dittmann)在1957年春天表示，施塔林格尔的见解是一种寄希望于遥远未来的幻想，远远没有结实的基础和现实意义将其视作考虑对外政策的具体因素。驻香港总领事馆在1959

年 10 月还坚持认为，苏中两国决裂在可以预见的将来是不可能的事情。联邦德国驻东京大使馆则倾向于赞同日本中国问题专家的看法，那就是，即使说中苏之间可能出现意见分歧，关键也只是在于国际共产主义运动领导权的问题。总之，人们对施塔林格尔的论断，对阿登纳的估计，都不以为然。有人甚至说，阿登纳之所以认定苏中对立目前即已存在，那只不过是因为他自己年纪老了，恨不得现在就能亲眼看到苏中对立。

阿登纳没有受这些持否定见解的人的影响，但也没有进而对中国采取积极的政策。在对外政策中，联邦德国对涉及中国的问题总的来说一般持中立态度，继续“观察、等待”，不主动同中国接近。阿登纳对中国的政治制度有自己的看法。他在 1956 年 7 月中旬同印度总理尼赫鲁(Jawaharlal Pandit Nehru)会谈中妄评中国是“专制”国家。他在 1962 年 8 月 22 日大事记中写道：“中国军队在喜马拉雅山地区公开冲突中侵入印度境内。”1964 年 5 月尼赫鲁死后，他引用《斯图加特报》(*Stuttgarter Zeitung*)评论文章分析印度的处境说：“和平共处五项原则不是互不侵犯条约，一纸条约阻止不了中国人愈来愈靠近印度北部边界，并终于在 1962 年发动军事进攻……只是由于美俄两国同中国对立，尼赫鲁才有可能继续奉行不结盟政策……因为美俄双方都对印度抵抗北京感兴趣……印度是靠美俄两国同中国对峙过日子。”另一方面，特别是鉴于美中两国之间存在着尖锐对立，阿登纳很可能考虑到，1955 年秋的莫斯科之行已经有过一次教训，招来了美国和西方盟国的非议，如果再主动试探同中国接触，不免要冒十分不利于德美关系的风险，而德美关系是他对外政策和安全政策的首要因素。因此，在这样的情况下，他不指望主动奉行积极的对中国的政策能取得有利的结果。

如果说，上面这些主要是从总的战略考虑可能带来不利的话，那么就具体做法上来看，大概阿登纳也感到有一个现实障碍难于处理，那就是，中国同民主德国在 1949 年 10 月 27 日即已建立了外交关系。两国当时都属于社会主义阵营，双方政府领导人进行互访，1955 年末民主德国总理奥托·格罗提渥（Otto Grotewohl）访问中国，两国签订了友好合作条约。而联邦德国对外政策的根本指导原则之一是坚持唯一代表整个德国的权利，断然反对“两个德国”的论点，对凡是承认民主德国的国家一概采取不承认的政策。1955 年 9 月联邦德国同苏联建交，可以说是自己违反了自己这条原则。为了避免被动，为了防止其他同民主德国已有外交关系的国家援引这个例子作为依据，提出愿意同联邦德国建交，联邦外交部发言人特为在 9 月 23 日发表声明：联邦共和国“无意同与苏占区保持外交关系的国家建立外交关系，苏联因系四个占领国之一而构成例外”。这就是人们通常所说的“哈尔斯坦主义”*（Hallstein-Doktrin）。1952 年南斯拉夫同联邦德国在双方不承认民主德国的基础上建立了外交关系，后来南斯拉夫政府于 1957 年 10 月 15 日承认民主德国，波恩当即宣布与南斯拉夫断交，就是执行“哈尔斯坦主义”的结果。

50 年代中期，中国方面发出过表示愿意同联邦德国建交的信号；而联邦德国方面，无论在参加联合政府的执政党党内或反对党人士中，也都有主张同中国正式接触的呼声，但均未取得突破。1955 年

---

* 哈尔斯坦主义：1955 年 9 月由德国外交部长华特·哈尔斯坦建议制定，由阿登纳推行的针对东德及东方阵营的外交政策，后被“新东方政策”所取代。——编者注

4 月 7 日，中华人民共和国第一届全国人民代表大会常务委员会第九次会议通过关于结束中德两国之间的战争状态的决议。9 月 16 日，《人民日报》发表题为“缓和国际局势的新成就”的社论，指出“为了进一步开展中国人民和全体德意志人民之间的友好合作，为了争取和巩固世界持久和平，中国人民认为在中华人民共和国和德意志联邦共和国之间，建立正常关系的时机已经到来了”。中国对外广播也发表了与此相应的文章。对此联邦德国方面没有作出积极反应，联邦外交部国务秘书瓦尔特·哈尔斯坦(Walter Hallstein)电告驻香港总领事馆：不接受中国方面发出的试探。1956 年 1 月 30 日，中国人民政治协商会议第二届全国委员会举行第二次全体会议，政协主席周恩来在所作政治报告中表示，“为了和平和重新统一德国成为一个爱好和平的民主国家，中国也欢迎同德意志联邦共和国的关系正常化”。这些话同样没有引起波恩当局的反响。1956 年 6 月底，社会民主党联邦议院议员奥伦豪尔提出，要求联邦政府同中国签订贸易关系协定，表示认为这“对德国经济上有利是不言自明的”，但没有取得成果。同年，自由民主党联邦议院议会党团在本党议员赫尔曼·施瓦恩(Hermann Schwann)访问中国期间，向联邦议院正式提出“关于在北京建立常驻经济代表机构”的议案，联邦议院于 12 月 6 日就此进行辩论——这是联邦议院在 50 年代中仅有的一次以对中国关系作为主要议题举行的辩论——，由于联邦外交部长冯·布伦塔诺在辩论中发言反对，最后决定将提案交联邦议院外交委员会审议。外交委员会于次年 2 月 6 日开会审议，这时联邦外交部早已定下了不同意的调子，提案就此被驳回。自由民主党虽然坚持原来的立场，但因忙于考虑当年应届联邦议院大选，没有条件进一步努力争取。就这样，联邦德国和中国之间只存在处于“自流状态”的贸易交往。1957 年 9 月 27 日，经波恩当局批准，才由非官方性质的“德意志东方经济委员会”(Ostausschuß der deutschen Wirtschaft)同中国国际贸易促进会在北京签订贸易关系协定。次年 9、10 月间，新华社在波恩设立了常驻记者机构。但两国政府之间始终没有往来。

中国方面本身也存在大陆台湾统一的问题。联邦政府认为这是中国的内政问题，对此总的说来持中立态度，不发表明确反对中国的声明，也不考虑同台湾地区建立官方关系。1954 年 3 月中旬，阿登纳对希腊进行国事访问，当时的台湾当局驻希腊“大使”向阿登纳提出台湾很希望同联邦德国建立“外交关系”。阿登纳作了回避，联邦外交部随即指示驻雅典大使馆：联邦共和国不改变自己的“观望”态度。1956 年 5 月联邦总统豪斯访问希腊，也回避了台湾当局“大使”再次提出的“建交”要求。1958 年秋，杜勒斯就中国炮轰金门向联邦德国驻美大使表示，“台湾海峡危机”无异于“柏林处境危急”，希望联邦政府对此发表声明。但联邦外交部加以拒绝，决定不表态。这无疑是叫美国人不高兴的，之所以这样做，看来是想到要为今后保留一条“通往北京的道路”，即与“观望、等待”的政策一致。不过另一方面，如果事情直接牵涉联邦德国本身的利害关系，例如中国申请加入某个国际组织，而又对德国问题持不利态度，即主张德国问题应由德国的两部分在完全平等的基础上自行讨论解决时，那么联邦德国就不再保持中立，而是在表决中国的申请中投反对票。这是因为，在这种情况下，中国如获准加入国际组织，只会使赞成民主德国加入国际性组织的国家增多。反过来说，如果是台湾当局提出申请加入国际性组织，联邦德国则投弃权票，而且，即使美国为了帮台湾当局的忙插手干预——例如1958年9月，美国方面向联邦外交部提出，希望联邦德国在表决台湾地区加入国际性组织的申请中不再持投弃权票的立场，以"有利于德美共同孤立"民主德国——，联邦德国也坚持投弃权票。这是考虑到，接纳台湾地区加入国际性组织虽然可望增加反对接纳民主德国的票数，但"对台湾地区积极就意味对北京失礼"，北京将会认为是搞"两个中国"。

联邦德国不考虑同台湾地区建立关系，也不用担心遇到因历史上中德两国之间的官方关系而可能提出要求承认台湾当局的麻烦。1941年7月1日，纳粹德国在外交上承认南京汪伪亲日政权，中国政府当即宣布与德国断交。同年年底太平洋战争爆发，中国于12月8日对德宣战。第二次世界大战结束后，中国作为联合国成员之一，于1946年1月22日派出军事使团参加盟国对德管制委员会。次年5月19日，在汉堡和斯图加特(Stuttgart)两地设立中国领事馆，分别办理英、美两占区内的有关领事事宜。但是，中华人民共和国成立后，台湾当局"外交部"以"经费困难"、"紧缩驻外使领机构"为理由，先后在1949年11月11日和1950年1月14日声明自行关闭上述两处领事馆，驻柏林军事使团也于1950年8月28日结束活动。联邦德国认为，这一情况有利于自己在涉及中国的问题上持中立态度，因为它对台湾当局没有承担任何义务，可以不同台湾地区正式接触，在行动上不受约束。

更主要的是，联邦德国也不想同台湾当局正式建立接触。因为同台湾地区正式接触意味承认"两个中国"，从而排斥以后同大陆接触的任何可能，正像联邦外交部1961年3月分析形势所指出的那样:联邦共和国同莫斯科的关系"由于德国问题的存在已被堵死",它同北京的关系"还没有确定",但"如果同台湾地区确立关系,那就会堵死通往北京的道路","考虑到未来苏中关系的发展,保留这条道路是有利的"。另外,联邦德国也很担心,搞"两个中国"的结果势必危害到自身的利益,因为人们必然要质问:既然能有"两个中国",为什么不可以同样有"两个德国"?联邦德国当局一向重视北京反对"两个中国"的坚定立场,联邦外交部官员甚至经常援引中国的这一立场,作为批驳"两个德国论"的依据。同时,联邦德国方面也注意反对人们把德国重新统一问题同中国的台湾问题相提并论,1961年4月2日,波恩特为就此分析指出两者之间存在着八点不同之处,其中包括:德国重新统一不仅是民族愿望,也是经波茨坦协定明确规定的德国问题,而"北京和台北都属于本民族和本国的事情";"两个德国"的政策西德反对,东德肯定,而"两个中国"的政策北京和台湾都表示反对;德国分裂涉及德国国土的"两个基本组成部分",而中国则"谈不上分裂,因为台湾的面积无法同大陆的广袤相比",等等。

总而言之,可以看出,联邦德国对中国始终持"观察和耐心等待"的态度,在中国问题上"观望审慎",不搞"两个中国",但也不主动同中国接触。这一政策的决策者无疑是联邦总理阿登纳,正是他所估计并感到确有把握的中苏分歧和冲突起了重要作用。阿登纳虽然对中国或中苏分歧冲突抱有殷切期待,但却并不指望能通过联邦共和国直接同中国发生关系而得到好处。他坚信,只有当苏联在西欧面对着一个团结一致的强大联盟时,中国对苏联的压力才会起到他心目中所企求的、有利于解决德国问题的作用。他决不轻视中国的力量和作用,不像联邦德国某些政界人士那样,认为中国"实力有限,距离德国太远，无法有效地同苏联构成均势”。他的考虑是，以可能引起西方盟国争吵而换来的德中关系得不偿失。早在1952年5月，他就向当时美国驻苏联大使乔治·凯南说过：“欧洲统一必然会使苏联明白，它在欧洲继续谋求扩张的打算只能是白费力气。苏联有严重的内政问题和经济问题。苏联在亚洲有问题，它的背后出现了未来同它争夺共产主义领导权的对手咄咄逼人的中国。”在这样的情况下，就有可能促使苏联同意和平谅解。据阿登纳看来，只有制止苏联在欧洲搞扩张，中国的压力——加上苏联本身的内政问题——才能起到有利于欧洲和德国的作用，要是苏联掌握了或者哪怕只是间接控制了西欧，“都会使苏俄经济上和军事上的实力超过美国，并且从长远看大大加强它同中国对抗的力量”。阿登纳始终认为，决不能让苏联在西欧搞扩张，西欧实力被削弱，从而巩固它同中国抗衡的地位，而是必须由西欧联合美国为一方和以中国为另一方，从前后西东两面施加压力，迫使苏联就范。所以，这也是阿登纳一再批评美国不该把力气用在亚洲的一个原因，因为据他看来，美国把力气用在亚洲既分散了西欧一方的压力，也不利于中国从东方增强压力，结果反而只会有碍于迫使苏联让步。

阿登纳寄希望于中国的强大促使苏联改弦易辙，有朝一日谋求与西方和解，以便好同中国抗衡。依他之见，中苏分歧的原因不仅在于中国人口增加对苏联造成的压力，也在于双方争夺共产主义运动领导权。对后面一个原因，他特别强调说，无论联邦共和国或其他西方国家都不可能施加影响，任何试图插手的做法，都有可能“适得其反，结果导致两个共产主义大国恢复团结”。他感到，中国在1956年11月1日就波兰和匈牙利事件发表声明，本身即是对苏联坚持领导权要求的沉重打击，"要说克里姆林宫会容忍自己的势力被削弱而不进行战斗，那是不大可能的"，"一旦中国变得比苏联强大，这两个共产主义大国之间的争夺将具有重要的决定性意义"，"其结果是，苏联人有一天会真心愿意谈判"，以便"在欧洲方面摆脱后顾之忧"，"我们必须耐心等待这一时刻的到来"。阿登纳确信自己已找到了这把解决德国问题的钥匙。1960 年 3 月中旬他作环球旅行，访问美、日等国，他在回忆录中记述自己当时的感想说："在这次长途旅行中我深深感到，我们欧洲人必须想到欧洲的狭小圈子以外。"接着他意味深长地写道：只要乘飞机越过太平洋，到达东亚，经过日本，随即看到"6 亿人口之众的中国人的大陆，就会十分明白，那里发生的事情反过来也对我们产生影响。我们必须加以注意……俾使能执行正确的政策"。1963 年 7 月 4 日，阿登纳在离任前 3 个多月同戴高乐举行的会晤中，向戴高乐介绍了"十年城堡和平"及争取改善民主德国居民处境的方案，即使在这种急于想尽办法，不得已谋求同苏联就德国问题达成"退而求其次"的协议的情况下，他还强调告诉戴高乐："所有这些考虑都是出于一个根本想法，即中国的压力从长远看将迫使苏联人同西方改善关系。"甚至在退职以后，他也仍然注意中国的情况和中苏关系的动向，始终把这个因素同德国问题联系在一起。他表示欢迎 1964 年 1 月法中两国建立外交关系，说"巴黎承认中国无疑大大提高了中国人的声望。无论如何这只会叫苏联人对中国更加感到不舒服"。他注意有关苏联撤走派在中国的专家的报道。1964 年 10 月 16 日听到中国爆炸原子弹成功的消息后，他"长时间静静思考，中国的原子弹将对世界政治产生哪些影响？是否会给苏联同西方的关系，尤其是给苏美关系带来影响？对欧洲将起什么样的作用？"所有这些都反映出中国在阿登纳的心目中地位多么重要，反映出他对中国寄望何等殷切。

既然这样，阿登纳为什么不断然离开观望等待的立场，终于下定决心，不论以何种方式对中国有所积极表示呢？究竟有哪些因素迟迟阻碍他这样做呢？

诚然，美中对立，联邦共和国直接同中国接触很可能引起西方非议，可能有损德美关系，这是一大实际障碍。但是，阿登纳最终退职时已届 1963 年秋，在他执政末期，东西方激烈“冷战”对峙已有很大缓解，中美之间的严重对立，由于中苏冲突公开化而渐次显出微妙变化的端倪。阿登纳既然能在 50 年代初期就预感到中苏之间存在分歧和由分歧势必发展为对立冲突，那么未必不能在进入 60 年代后，估计到由于中苏对立冲突而可能导致中美关系发生转变。其次，中国和民主德国之间已有外交关系，联邦德国同中国接触，不免要冒涉嫌承认“两个德国”的风险，这也是一个具体障碍。然而值得注意的是，社会民主党人奥伦豪尔在前述 1956 年 6 月 29 日提出主张同中国签订贸易协定时，却用了“[要求联邦政府]就早已准备和事实上已拟订好的贸易协定在北京签字，不再因格式和意见分歧而拖延时日”的提法。从“早已准备”和“事实上已拟订好”这样的措词来看，显然说明，联邦德国方面已有打算（或曾经有过打算）同中国接触——尽管只限于贸易方面。可见联邦德国并未感到，同中国接触和奉行“哈尔斯坦主义”两者之间存在断然不可逾越的困难。尤其是进入 60 年代以后，“哈尔斯坦主义”实际上已愈来愈失去了它原来的严肃性，更何况阿登纳这时候也已有心准备“向东方开门”——1963 年 3 月 7

日，联邦共和国同两国之间没有建交的波兰签订贸易协定，而且被人们认为是他执政末期取得的重要成就之一，就是一个有力的佐证。再次，阿登纳说，他担心西方国家任何试图插手中苏分歧的做法都有导致适得其反的后果，即导致中苏恢复团结。不过这一担心看来不至于成为促使他对中国始终持“观望、等待”的立场的因素，至少不会是主要因素。因为据他看来，中苏分歧冲突的根本原因一是在于中国的“人口压力”，二是在于“争夺共产主义运动领导权”。既然如此，那么“人口压力”是长期存在的，决不会由于有哪个国家“插手”而一举消失。而同中国接触涉及的也只是国家之间的关系，与“共产主义运动领导权”毫不相干。众所周知，1955 年 9 月联邦德国同苏联建交，并没有被谁看成“试图插手”中苏关系，中苏分歧没有因为德苏建交的原故而出现缓和，也不是由于德苏建交才加剧的。可以断言，联邦共和国要是在进入 60 年代后同中国接触的话，同样不会被认为是“试图插手”中苏关系。相反，倒是很有可能“叫苏联人对中国更加感到不舒服”，而这正是阿登纳所希望的——就像他评论法中建交那样。

另外，就同中国进行接触的具体做法来看，也似乎不存在什么困难。戴高乐是阿登纳最要好的朋友，他们俩在很多重大问题上看法都一致。戴高乐在决定同中国建交以前一年多，即已告诉阿登纳有必要考虑同中国进行接触。作为推心置腹的朋友，不难通过戴高乐以恰当的方式向中国发出信号。可是阿登纳不作这样的考虑，不仅不作考虑，他还表示对中国抱有令人难以理解的担心。他在 1961 年 12 月 9 日对戴高乐说：“苏联有一天将会成为白色世界防御中国的护墙。”1967 年 2 月 16 日，他在马德里发表题为“论欧洲和世界发展”的讲话，他在讲话中说："一些时间以来中国所发生的事情，我认为是对欧洲敲响了重要警钟。"在讲话结尾，谈到"我们当前所处政治时代特别具有危险性"时，他还说："危险性一是在于已经发生和正在发生的力量对比大变化速度很快。二是在于有超级大国，超级大国的存在本身就有危险性，使其他国家或多或少变得无足轻重，成为所有大国意志的工具。最后是在于中国的发展令人无法作出估计。"看来阿登纳对未来中国的担心是很大的，他没有具体说明他认为中国将对西方构成哪些危险——从时间上推测，马德里这次讲话有可能指中国当时进行的"文化大革命"，但前面两次对戴高乐说的话又是指什么呢？中国在地理上距离西欧万里，相互间不存在任何现实的直接利害冲突，中国本身对内有着十分繁重的经济任务，对外更需认真考虑对付美苏两个超级大国的敌视。这些都是人所共知的事实。

总的看来，阿登纳在对待联邦共和国和中国的关系这个问题上存在着矛盾。他在西方政治家当中最早预见到中苏分歧和对立，并且从中引出了自己的结论。当美国总统尼克松（Richard M. Nixon）1971 年 2 月宣布准备和中国对话，谋求同中国改善关系，以便使美国对外政策有较大活动余地的时候，中苏之间的对立不断升级，已公开进行了 11 年。而阿登纳却至少在 16 年以前，即已看出中苏对立可能是一个有利于改变中欧力量对比的因素，这无疑说明了阿登纳在观察分析国际形势发展上眼光过人独到的一面。但另一方面，他只是从对解决德国问题可能产生影响这一相对狭窄的角度出发看待中国的发展，而忽视了着眼于新的世界力量对比的高度来考虑联邦共和国和中国之间的关系。他希望中国起到他心目中设想的作用，但却又不愿采取任何主动积极的行动促使这一设想成为现实。在 20

世纪50年代中期，甚至在50年代末期的条件下，阿登纳不可能走尼克松和基辛格(Henry A.Kissinger)后来所走的道路，他只能观望，这是可以理解的。可是当时间进入60年代，中苏冲突已经公开化，重新统一由于柏林筑墙而变得愈加严峻，戴高乐又明确表示有必要考虑同中国接触，在这样的形势下，阿登纳仍旧不改变主意，依然一厢情愿地等待中苏冲突的发展自然而然有利于德国问题的解决。特别矛盾的是，他明明希望中国的压力有助于迫使苏联坐下来谈判，解决现实中存在的、直接攸关联邦共和国利益的、他亟力以求争取实现的重新统一问题，但却又徒然作杞人之忧，反而担心中国不知在将来哪一天可能对西方国家构成危险，乃至于要靠苏联来抵挡中国，以保护"白色世界"。尽管他也明智地断然拒绝同台湾地区建立关系，不搞"两个中国"，并始终想到要保留一条以后通向北京的道路，但不善于审时度势见机而作，只顾"耐心等待"，毕竟终非良策。他说"时间还有的是"，可时间是不等人的，形势发展是不停顿的。事实证明，德国问题不可能离开总的国际局势发展孤立地获得解决，中国的对外政策也是随着世界形势的变化而适时作出调整的。阿登纳生前没有盼来德国问题的解决，也没有看到联邦共和国和中国之间建立外交关系——在他的接班人艾哈德担任联邦总理后，两国于1964年春天起开始接触，但直到1972年10月勃兰特政府期间，才终于正式建交。

第十二章 “为德国人民贡献出我的力量，直至最后一息”

1963年10月18日傍晚，阿登纳终于告别联邦总理府绍姆堡宫，离职退休回家。这时候他已快88岁高龄了。他真可以说是“人老心不老”，“职务上退休但政治上思想上并不退休”的榜样。就在3天前，即10月15日，他出席联邦议院大会发表退职告别讲话，在讲话结束时还坚决表示要“为德国人民贡献出我的力量，直至最后一息”。他正是这样做的，用行动实践了自己的诺言。

阿登纳虽然不再担任联邦总理，但在党内仍担任基民盟联邦主席——他是1950年10月下旬在戈斯拉尔(Goslar)举行的基民盟首届联邦代表大会上当选联邦主席的，从那时起，每隔两年改选一次，他都连选连任。1963年10月辞去联邦总理职务后，在第二年3月汉诺威举行的基民盟第十三届联邦代表大会上，他还再一次当选联邦主席。直到两年任期期满，1966年3月21日在波恩举行的第十四届代表大会才一致改选艾哈德担任联邦主席，同时选他为基民盟名誉主席。考虑到他担任党的主席这一身份，从某种程度上说也是考虑到他在政治上一贯“闲不住”的性格，为了便于他在离职后逐渐过渡到习惯过真正的退休生活，联盟党联邦议院议会党团作出决定，特为在波恩联邦参议院侧屋，即他本人1948年至1949年担任议会委员会主席期间工作过的房间，给他安排了一个办事处。这原是出于对他的关心照顾，并不是再让他继续工作。谁知阿登纳压根儿就不要照顾，他绝不想悠闲自在，无所事事以终天年。他要继续参加政治活动，首先是为巩固西方联盟和促进欧洲统一做工作，为他的党基民盟做工作，同时撰写回忆录。别人考虑他年纪那么大了，都劝他平日待在家里，好好休息和写回忆录，他也不听。10月18日星期五傍晚离职回家，过完周末21日星期一一早，他就照常上班，天天去波恩办事处工作。后来经过再三劝说，他才勉强同意每周5天工作日中，3天去波恩办公，两天待在家里，加上周末时间写回忆录。不过他对写回忆录看得并不怎么重要，仅仅当成是“尽自己的义务而已”，还说是“可厌的工作”。加以经常忙于参加各种活动，挤掉了写作时间，以致他在生前只写完前三卷回忆录(包括1945年至1959年)。

美苏两国谈判谋求缓和主宰世界始终是阿登纳感到忧虑的大问题，他怀疑美苏之间相互默契达成一致，也为美国深深陷入越战以及北约组织成员不戮力同心的现象担忧。退职以后，他继续利用每一次会见外国政界人士的机会，同他们就国际形势和他所关心的问题交换看法，陈述自己的见解和主张。就在从离开总理府之日起到10月底为止的两星期中，他一连会见了前美国驻西德高级专员麦克洛伊、前美国国务卿和这时任肯尼迪总统特别顾问的迪安·艾奇逊

(Dean Acheson)、美国驻波恩大使乔治·麦克吉耶(George McGhee)以及腊斯克。他都向他们详细倾诉了忧虑，请他们务必从各方面施加影响，促使北约组织增强内部团结，制止美国削减驻欧美军人数，同时尽力设法利用苏联国内存在的经济困难。1966年春在卡德纳比亚度假期间，他会见了意大利外长安东尼奥·塞尼(Antonio Segni)。第二年3月13日，他同前美国副总统尼克松会晤，作了长谈。他极力劝说尼克松认识到正在拟议缔结中的“防止核扩散条约”(Atomsperrvertrag)“有问题”，请尼克松提醒华盛顿当局“注意这个条约的危害性”。他还针对当时美国舆论界盛行的“苏联已不再具有威胁性”的说法，指出苏联新近修筑了进入民主德国的坦克专用公路这一事实和常规武器的重要作用，问尼克松：“这样的形势能说是缓和吗？”

阿登纳退职以后，经常仍有国内外记者找他采访，请他回答问题，他也借答问的机会向美国领导人大敲警钟，公开呼吁人们注意危险。1965年2月10日，他在波恩办事处接见《纽约时报》发行人苏兹贝格(Yrus Leo Sulzberger)，在谈话中，他再次告诫美国把注意力集中在欧洲。他郑重强调指出说：“这个地方，这个大陆上，是美国唯一致命的弱点所在。美国要是丢掉了这个大陆，俄国就会变成最强大的国家。”他坦然承认自己怀疑美苏双方心照不宣，相互取得了一致，所以美国才不肯发展中程导弹，而他却认为中程导弹是对付苏联大炮形成均势所必不可少的武器。他表示深信“欧洲今天在军事上无力自卫，明天在政治上也将无力自卫”。他呼吁人们注意“当前我们正处在自1945年以来最危险的阶段”。他批评美国“无所作为，对危险视而不见”，指出“无论肯尼迪政府或约翰逊(Lyndon B.Johnson)

政府，都不履行关于发展中程导弹和在欧洲部署中程导弹的协议”，这样结果就“引起了不信任感，使得德国转而依靠法国的支持，以便准备对付苏联的进攻”。他还认为“俄国人在等待时机”从政治上“接管欧洲”，而西方国家却“一个接一个地迁就本国只顾赚钱的商人，从而减轻了苏联的内政困难”，它们向苏联“提供机器和粮食，却不相应地索取回报和要求对方作出让步”。由于看到苏兹贝格不时转过脸去注意窗外显示出的一片繁荣景象（莱茵河上船只过往频繁，附近的工厂烟雾腾腾），他语重心长地对苏兹贝格说：“你们不要被今天的表面现象迷住了眼睛，你们要想到明天。我希望你们能及时省悟。”

阿登纳这次接见苏兹贝格发表的讲话，也像他多次答记者问一样，招来了许多人的不满。有人埋怨说，他的讲话使本来已变得相当敏感的德美关系进一步趋于紧张。有人指责他“打破了瓷器”，甚至怒不可遏地骂他是“讨厌的老家伙”，说他一味“拨弄是非”，“唯恐天下不乱”等。对于这些指责和辱骂，阿登纳一概不放在心上，他说：“像我们这样处在如此困难逆境中的人民，只好冒别人对我们恼火的风险。”他还直言不讳地指出：“我们需要美国，但美国也需要我们——当前局势如此，我不得不本着我的良知讲话，否则就是我的不对。”

值得一提的是，阿登纳去世前不久在对苏联的看法上也存在着矛盾，或者说至少一度表现出明显矛盾。如上所述，他在 1965 年 2 月 10 日和苏兹贝格谈话中呼吁人们注意“当前我们正处在自 1945 年以来最危险的阶段”。次年 3 月 6 日，他出席基民盟莱茵兰-法耳茨州（Rheinland-Pfalz）代表大会讲话谈当前外交形势时，也再次强调提出这一呼吁。可是过了3个星期，即1966年3月21日，他在基民盟第十四届联邦代表大会上讲话中，却公开宣布“苏联人已进入要和平的各国人民的行列”，还说这是“世界历史上最近发生的一件在他看来本应由所有报纸大登特登的事情”。阿登纳在对苏态度上的这一突然转变，使到会代表惊诧莫名，人们反映“有如听到了一声晴空霹雳”，愕然面面相觑。阿登纳提出的论据是，这年1月上旬苏联在塔什干会议上充当调解人，促使印度和巴基斯坦这两个英联邦成员国和平解决了相互间的武装冲突。这一论据本身理由是否充分姑且不说，由于阿登纳的转变实在来得过于突然和彻底，所以人们总感到莫名其妙，无法理解。据阿登纳的对外政策顾问、从50年代起一直在联邦外交部任要职的威廉·格雷韦(Wilhelm Grewe)教授分析，阿登纳的这次大变化是受戴高乐的影响，因为就在12天前阿登纳去巴黎进行了两天私人访问，3月10日同戴高乐作了晤谈。格雷韦在回忆录中写道：“我认为只有一个解释，那就是像经常有过的那样，阿登纳又一次接受了戴高乐的想法——虽然连戴高乐自己内心深处是否确信苏联具有和平意愿，都很难说呢。”

当然，事实证明阿登纳并没有真正改变对苏联的看法，正如前文提到，他在一年后1967年3月13日同尼克松晤谈中，仍坚持认为苏联具有威胁性，批判与此相反的见解及“缓和”论点——而这是他去世前一个月的事情。

阿登纳经常为“始终只有美国的政策而看不到任何欧洲的政策”叹息，他认为改变这种状况的关键在于“德法两国之间的合作”，并尽自己力所能及为德法友谊和欧洲统一做工作。1964年7月，按照“德法条约”中有关定期举行两国政府首脑及部长联席会议的规定，戴高乐率领法国政府代表团访问波恩，在波恩逗留期间，特地到联邦参议院侧屋办事处拜会了阿登纳。当得知两国政府代表团会谈未取得积极进展，戴高乐对此表示不满时，阿登纳立即通过报纸发表讲话，提出自己的看法和建议，以求促进德法友好合作。1964年底1965年初，欧洲共同市场内部经过反复磋商，终于就谷物价格达成了一致意见，艾哈德总理并说服内阁同意降低联邦德国的粮价，这使阿登纳感到欣慰。他分析利弊得失说：总的看来“这对欧洲统一很起促进作用，特别是对法国作出了一个善意姿态”，“这个决议当然意味德国在经济上付出代价，但政治上将带来好处”。为此他也赞赏艾哈德，并主动尽力为艾哈德同法国领导人之间牵线搭桥。1965年1月，德法两国政府首脑在朗布伊埃(Rambouillet)会晤，通过谈判，一致同意为欧洲政治合作提出新倡议，决定于4月中旬或5月初召开六国外长会议，讨论欧洲政治联盟，在此基础上，进一步于7月召开六国政府首脑会议。阿登纳为这一成果感到高兴，由于高兴，他对艾哈德的态度也有了明显改变。

作为基民盟联邦主席，阿登纳一向重视自己党的健康发展，在关心政局的同时，也为基民盟的巩固和确保以后继续取得成就操心。建国以来，基民盟一直居于为首的执政党地位。阿登纳认为，“一个政党连续四届在联邦议院大选中获得了胜利，它必然会滋生某种日子好过的感觉和自满倾向。这是很自然的，也有可能大家干脆感到厌倦了”。他还认为“议会民主不能单靠议员”，“公民对国家的态度”同样是一个极为重要的方面。从这一角度出发，他表示十分担心“德国人民是否站稳了脚跟”。1965年是联邦议院大选年，他积极参加基民盟开展的竞选活动，为自己的党发表竞选讲话，有时一星期中 3 至 4 天在外面风尘仆仆，往返各地出席会议集会，一天中连续发表讲话达七八次之多。联盟党在这届大选中再次获胜后，政府面临着诸如“紧急状态立法”(Notstandsgesetzgebung)、“财政改革”和“选举法改革”等等一系列繁重任务，所有这些，均需取得联邦议院三分之二的多数通过才能实现。有鉴于此，阿登纳认为，现在是需要建立“大联合政府”的时候了。过了一年，库特·格奥尔格·基辛格(Kurt Georg Kiesinger)继艾哈德之后，于 1966 年 11 月初组成第八届联邦政府，其中有 9 名社会民主党人参加，并以勃兰特任联邦副总理。阿登纳建立“大联合政府”的愿望终于实现了。

就在去世前一年左右，阿登纳以 90 高龄的老人，还不辞劳苦，几次乘飞机出国访问，为对外友好和欧洲统一尽自己的心力。1966 年 5 月，他应邀到以色列进行了为时一周的访问，同以色列领导人及前总理戴维·本-古里安(David Ben Gurion)举行了会谈。第二年 2 月，他应邀访问西班牙，在马德里文化会堂发表了论“欧洲和世界发展”的讲话，这是他生前最后一次在国外公开呼吁欧洲统一的重要讲话。从西班牙回国途中，他还在巴黎稍事逗留，于 2 月 20 日同戴高乐作了最后一次晤谈，晤谈的全部内容就是商讨有关欧洲政治联盟问题。

回到勒恩多夫刚过了一星期，阿登纳又乘飞机去慕尼黑，参加“德国基金会”(Deutschland-Stiftung)举办的活动，利用公开讲话的机会反复谈他对“防止核扩散条约”的忧虑，警告人们注意提防危险，宣传“健康的”民族感情、民族传统的重要性以及“基督教人道主义思想”。他在讲话结束时说：“我是以拨弄是非出了名的，我就是这么一个人。要说我拨弄是非，那我也是出于好心。”他大声疾呼地说：“有人把沉睡者唤醒起来，叫他们留心注意。这样的人不是拨弄是非。我要叫喊：警惕！觉醒！为未来的岁月警惕！”

据阿登纳的三儿子保罗说，老人“直到最后还十分担心，不过不是担心他自己。他是担心欧洲不统一和荏弱，担心核战争的危险，担心人类可能成为自身幻想的牺牲品。他想继续奋斗”。

1967 年 4 月 3 日，阿登纳还接见了联邦总理基辛格，同基辛格商谈了政治方面的问题。4 月 12 日下午 6 时，德新社报道了阿登纳重病的消息。4 天后，阿登纳仿佛已经知道自己的时刻临近了，他对有关的事情一一作了安排，叫人通知他的亲人来同他告别。他有 7 个子女和 21 个孙儿孙女和外孙，他们一向都爱他，尊敬他。亲人们分批依次走到他的床前，同他握手亲吻，禁不住热泪盈眶。老人叫他们不要哭，指着床头一幅绘有上帝怀抱被钉在十字架上的耶稣的古油画说：“用不着哭。”

1967 年 4 月 19 日午后 1 时 21 分，康拉德·阿登纳去世，享年 91 岁。

4 月 25 日，联邦德国为阿登纳举行隆重国葬。前三天，他的灵柩被装上汽船，由联邦国防军官兵代表护送，遁莱茵河下驶至科隆，移放在科隆大教堂内开追悼会。追悼会结束后，再运回勒恩多夫，安葬在“林中墓地”。参加追悼会的，有戴高乐和约翰逊等许多国家的政府首脑或特使，各界人士几万人瞻仰了他的遗容。更多的人则聚在大教堂外面和莱茵河两岸，怀着沉痛的心情向他告别，或拍电报写文章表达他们的哀悼和敬意。许多西德居民感谢他“为德国人所做的一切”，称他是“德国历史上第一位民主政治总理”，“为了今天的联邦共和国，他含辛茹苦不知付出了多少劳动”。前“被逐难民”和“回国战俘”深深感动地说：“有人说阿登纳铁石心肠，我们认为他充满同情心。”一些历史学家特别称道他的个人品德和求实精神，说他“一生勤奋刚直，是彻底的实践家，他把一切无实际意义的思想看成是多余的，甚至不道德的”。反对党领袖也承认他具备“真正领导者的素质”，尤其是“当他超脱党派之见时，更显示出他的非凡才干和智慧”，表示要“从他的成就和失败中吸取对未来的教益”。西方人士评论说，阿登纳“以他的铁肩支撑危局，使一个战败的、几乎气息奄奄的民族经受住了考验”。法国青年表示：是阿登纳“结束了德法两国历史上相互间饱受的许多苦难，实现了两国人民渴望真正和解的心情”。

对于所有这些赞誉和评论，阿登纳九泉有知，他会含笑地下，感到慰藉吗？或者说，会不会还有不同的看法呢？

年　表

1871 年

1 月　普鲁士王国首相奥托·冯·俾斯麦统一德国，建立帝制

1873 年

5 月　普鲁士邦议会通过《文化斗争法》(Kulturkampfgesetz)

1876 年

1 月 5 日　康拉德·阿登纳在科隆出生

1878 年

10 月 21 日　颁布《反社会党人非常法》(后于 1890 年 10 月失效)

1880 年

科隆大教堂落成，阿登纳 4 岁

1881 年

阿登纳 5 岁，次年跳级进入小学，直接就读二年级

1885 年

阿登纳 9 岁，小学四年卒业，入九年制科隆市使徒高级文科中学

1889 年

4 月 20 日　阿道夫·希特勒在奥地利勃劳瑙(Braunau)出生

1894 年

3 月　阿登纳(18 岁)在使徒高级文科中学毕业,4 月 1 日起到科隆市赛利希曼银行当学徒两星期

5 月　阿登纳进弗赖堡大学学法律,一学期后转入慕尼黑大学读法律和国民经济,一年后改读波恩大学,在波恩大学念了 3 个学期

1897 年

2 月 4 日　路德维希·艾哈德在费尔特出生

5 月　阿登纳以"良好"分数通过候补公务人员国家考试初试,时年 21 岁

1901 年

10 月　阿登纳(25 岁)在柏林以"及格"分数通过国家考试复试,进入检察机关,不久改到一位律师手下待了两年,然后以助理法官身份入科隆市考森律师事务所见习

1904 年

1 月　阿登纳(28 岁)与埃玛·魏埃尔结婚,埃玛生儿子康拉德(科科)、马克斯和女儿利娅

1906 年

1 月或 2 月　阿登纳加入中央党

3 月 7 日　阿登纳当选科隆市末位(第十二位)市长助理,即副市长,时年 30 岁

3 月 10 日　阿登纳的父亲(1833 年 4 月 14 日生)中风去世

1909 年

9 月　阿登纳当选科隆市首席市长助理,33 岁

1914 年

8 月初　第一次世界大战爆发

1916 年

10 月 16 日　埃玛·魏埃尔病故

1917 年

3 月　阿登纳因汽车车祸受伤

9 月 18 日　阿登纳(41 岁)当选科隆市市长,任期 12 年

1918 年

2 月　阿登纳以科隆市市长身份进入普鲁士贵族院为终身议员,并任莱茵省议会议员、省委员会主席和中央党理事会成员

11 月初　德国十一月革命爆发,9 日柏林宣布成立共和国,10 日威廉二世亡命荷兰,11 日停战协定生效,第一次世界大战结束;基尔起义水兵进入科隆,成立工兵代表会议,阿登纳被任命为工兵代表会议治安委员

12 月 6 日　英国占领军进驻科隆

1919 年

1 月　斯巴达克同盟(Spartakusbund)柏林起义被镇压,15 日罗莎·卢森堡(Rosa Luxemburg)和卡尔·李卜克内西(Karl Liebknecht)被右派军官杀害

2 月 1 日　阿登纳在科隆市政厅汉萨礼堂商讨莱茵兰前途问题的会议上发表长篇讲话,提出建立同德国保持联盟关系的“西德意志共和国”,抗议谋求使莱茵兰脱离德国的企图;稍后,科布伦茨“分离主义者法庭”缺席审判阿登纳,判处他“死刑”

6 月 12 日　科隆大学建成开学

6月28日　凡尔赛和约签字(于次年1月10日起生效)

7月31日　魏玛国民议会通过宪法,弗里德里希·艾伯特任德国总统

9月25日　阿登纳(43岁)同古西·青塞尔结婚,古西生子费迪南德(早夭)、保罗、女儿洛特和利贝特及幼子格奥尔格(朔尔施)

11月4日　阿登纳的母亲(1849年5月5日生)去世

1920年

2月24日　德国国家社会主义工人党(NSDAP)即纳粹党成立

3月中旬　卡普暴乱(Kapp-Putsch)被挫败

1921年

5月9日　阿登纳当选普鲁士参议院议长,任期12年,当年45岁

1922年

4月6日　德苏签订《拉巴洛条约》

1923年

1月　爆发"鲁尔斗争",德国中央政府支持鲁尔居民进行"消极抵抗"

11月　上旬末希特勒在慕尼黑啤酒馆暴动失败,被判处五年监禁,监禁期间写《我的奋斗》(*Mein Kampf*),于1925年出版

11月13日　阿登纳声明反对使莱茵兰离开德国的企图,对消除第二次莱茵兰分裂危机起了重要作用

1924年

5月　艾伯特总统莅临科隆,参加科隆展览馆落成后首届展览会开幕

1925 年

5 月 16 日　科隆市庆祝莱茵兰归属德国一千周年

1926 年

1 月 31 日　英国占领军全部撤出科隆

3 月　保罗·冯·兴登堡总统访问科隆

5 月　阿登纳拒绝接受任德国总理提名

1928 年

5 月 12 日　首届世界报刊展览会“普列莎”在科隆开幕

1929 年

10 月 25 日　世界经济危机爆发

12 月 17 日　阿登纳以 1 票的多数当选连任科隆市市长，53 岁

1931 年

九一八事变，日本侵占中国东三省

1933 年

1 月 30 日　兴登堡总统任命希特勒为德国总理

2 月初　阿登纳反对非法强行解散普鲁士议会，同纳粹党人首次发生直接冲突

3 月 5 日　纳粹党在德国国会大选中获胜；同日阿登纳被宣布为“人民敌人”、“罪犯”，冲锋队(SA)员进驻阿登纳在科隆的寓所

3 月 12 日　纳粹宣布撤去阿登纳科隆市市长职务

3 月 13 日　阿登纳到柏林提出抗议和申诉，普鲁士内政部长赫尔曼·戈林下令革除阿登纳的公务人员身份，永不叙用，并驱逐出科隆行政专区；犹太工厂主丹尼尔·N.海涅曼借款给阿登纳解决经济上燃眉之急

4 月底　阿登纳为躲避纳粹可能施加的迫害，匿居马利亚拉赫修道院

1934 年

2 月底　阿登纳离开马利亚拉赫修道院，同家小到柏林卜居新巴贝尔斯贝格

6 月 30 日　“罗姆暴乱”，阿登纳(58 岁)在柏林寓所中被捕，多次受到审讯，3 天后获释，从此他离家外出飘泊，不断更换住地

8 月 2 日　冯·兴登堡总统去世，希特勒自称“元首兼德国总理”

1935 年

阿登纳携家小到勒恩多夫居住，不久后再次被宣布逐出科隆行政专区，离开家小到科布伦茨行政专区所属小镇乌恩克尔栖身

1936 年

3 月 7 日　希特勒派军队进入莱茵兰非军事区

8 月 1 日　希特勒出席柏林第十一届奥运会开幕式并讲话

10 月 25 日　德意签订协定，称“柏林—罗马轴心”(Berlin-Rom-Achse)

1937 年

七七事变，日本大举武装侵略中国，抗日战争揭开序幕

8 月　阿登纳领到补发的退休金和折价发还被抄没的房产，决定在勒恩多夫造房定居，经营花园，搞创造发明

1938 年

3 月 3 日　希特勒进军奥地利，奥地利并入德国

9 月 29 日　《慕尼黑协定》签字

10 月 1 日　德国吞并苏台德(Sudeten)

11 月 9—10 日 “全国打砸抢之夜”(Reichskristallnacht),大规模迫害犹太人

1939 年

3 月 15 日 德国吞并捷克斯洛伐克

4 月 28 日 希特勒撕毁《洛加诺公约》(Locarno-Vertrag)

8 月 23 日 德苏签订互不侵犯条约

9 月 1 日 德国进攻波兰,第二次世界大战全面爆发

1940 年

6 月 22 日 法国战败投降,以戴高乐为代表的反法西斯力量在伦敦成立“自由法国”,继续进行抵抗

9 月 27 日 德意日在柏林签订《德、意、日三国同盟条约》

1941 年

6 月 22 日 德国进攻苏联

7 月 1 日 德国承认南京汪伪政权,中国政府宣布与德断交

8 月 14 日 罗斯福(Franklin D.Roosevelt)总统和丘吉尔首相宣布《大西洋宪章》(Atlantik-Charta)

12 月 7 日 日本偷袭珍珠港(Pearl Habor),8 日美英对日宣战,太平洋战争开始,同日中国对德宣战,11 日德意向美宣战

1942 年

1 月 20 日 “万湖会议”(Wannsee-Konferenz),制定大规模屠杀犹太人的“最后解决”方针

1943 年

1 月 14—26 日 盟国卡萨布兰卡会议声明将反法西斯战争进行到德意日三国无条件投降为止

1月底 斯大林格勒战役结束,德军彻底失败

11月28—12月1日 盟国德黑兰会议确定于次年开辟欧洲第二战场

1944年

6月6日 盟军在诺曼底登陆,开辟欧洲第二战场

7月20日 德国国内抵抗运动行刺希特勒失败

8月14日 德国共产党主席恩斯特·台尔曼(Ernst Thälmann,1886年4月16日生)在布痕瓦尔德集中营遇害

8月23日 阿登纳(68岁)被捕,关在多伊茨展览馆接收营,不久由欧根·赞德尔协助转入医院,几天后逃到威斯特瓦尔德躲藏,9月25日再次落入秘密警察魔掌,被关进布劳魏勒监狱,于11月26日获释回家

8月25日 巴黎解放,9月9日戴高乐组成临时政府

9月11—19日 魁北克会议,美国财政部长亨利·摩根索提出备忘录,即“摩根索计划”

12月10日 法苏签订同盟条约

1945年

1月 德军于1944年12月发动的“阿登攻势”败绩

2月4—11日 雅尔塔会议(Jalta-Konferenz)

3月8日 美军到达勒恩多夫,8天后阿登纳应美国人邀请重任科隆市市长,时年69岁

4月12日 罗斯福逝世,杜鲁门继任美国总统

4月18日 美军抵达费尔特;艾哈德任军政府经济顾问,9月起先后任巴伐利亚地方政府贸易和工商部长、经济部长

4月25日　美苏军队在易北河畔托尔高(Torgau)会师

4月30日　苏联红军攻克柏林,希特勒在总理府地下避弹室自尽

5月8日　德国无条件投降,欧洲战场战争结束

6月5日　盟国宣布德国全境及柏林被分区占领,成立盟国对德管制委员会

6月17日　柏林和英占区开始建立基民盟组织

6月21日　美军撤出科隆,科隆被划入英占区

6月26日　签署《联合国宪章》(Charta der Vereinten Nationen),10月24日联合国在旧金山正式宣告成立

7月　丘吉尔下台,英国组成工党政府

7月17—8月2日　波茨坦会议

8月6日　美国在广岛投原子弹,8日苏联对日本宣战

8月　戴高乐在萨尔布吕肯发表讲话,指出“法国人和德国人应当一笔勾销过去的事情,进行合作,不忘记他们同是欧洲人”

9月2—9日　日本投降签字,第二次世界大战结束

9月　阿登纳作为基民盟代表之一参加在巴特戈德斯贝格举行的同德国社会民主党代表会晤

10月6日　阿登纳被英国占领军当局以“不称职”为理由撤去科隆市市长职务,逐出科隆行政专区,不许从事任何政治活动

11月—次年10月　纽伦堡法庭审讯纳粹战犯

12月　英国军政府撤销不准阿登纳从事政治活动的命令,邀请他参加英占区“咨询议会”;同月14日阿登纳参加在巴特戈德斯贝格举行的基民盟全国代表会议

1946 年

1 月 12 日　盟国发布“整肃纳粹”令

1 月 22—23 日　英占区基民盟赫尔福德会议，阿登纳当选英占区基民盟首任主席，70 岁

3 月 1 日　英占区基民盟委员会内海姆—休斯滕会议，通过阿登纳提出的基民盟纲领

3 月 5 日　丘吉尔在美国密苏里州富尔敦(Fulton)发表讲话，鼓吹美英联盟抵抗“布尔什维主义威胁”，开叫嚣“冷战”对峙的先声

4 月 21—22 日　苏占区德国共产党同社会民主党两党合并，组成德国统一社会党

9 月　丘吉尔倡议建立“欧洲合众国”

10 月　艾哈德在美占区《新报》著文，阐述“社会市场经济”思想

12 月　艾哈德任美英双占区“货币和信贷特别局”局长

1947 年

2 月 3 日　在阿登纳主持下英占区基民盟委员会通过“阿伦纲领”

3 月 3 日　古西·阿登纳(1895 年 12 月 7 日生)病故

3 月 12 日　宣布“杜鲁门主义”

6 月 5 日　美国宣布“援助西欧方案”，即“马歇尔计划”

6 月 25 日　法兰克福经济委员会(双占区经济议会)成立

1948 年

2 月 25 日　捷克斯洛伐克政府更迭

3 月 3 日　艾哈德任双占区“经济管理处”处长

3 月 17 日　《布鲁塞尔条约》签字

5 月　阿登纳出席海牙欧洲团体代表大会，会见丘吉尔

6 月 20—23 日　西德东德分别进行币制改革

6 月 23 日　“封锁柏林”(至次年 5 月 12 日解除封锁)

7 月 1 日　西方三占区军事长官授予西德各州总理“法兰克福文件”,提出西德建国的方针

8 月 22 日　阿登纳出席阿姆斯特丹普世教会会议,结识约翰·F.杜勒斯

9 月 1 日　议会委员会成立,阿登纳任主席,主持制定西德宪法

1949 年

3 月 28 日　阿登纳以议会委员会主席身份应邀参加伯尔尼各国议会联盟代表会议,战后首次在国外就德国的情况发表正式讲话

4 月 4 日　北约组织成立

5 月 5 日　签署《欧洲理事会章程》

5 月 8 日　议会委员会通过西德宪法即《基本法》,于同月 23 日起生效

5 月 10 日　议会委员会通过定都波恩

5 月 30 日　东占区第三届德国人民代表大会(Deutscher Volkskongreß)通过德意志民主共和国宪法

7 月　基民盟基社盟工作团制定“杜塞尔多夫指导原则”

8 月 14 日　首届联邦议院大选,联盟党获胜

8 月 21 日　阿登纳主持勒恩多夫会议磋商组阁,决定建立“小联合政府”

9 月 10 日　特奥多尔·豪斯当选首任联邦总统

9 月 15 日　阿登纳当选首任联邦总理(时年 73 岁),20 日组成首届联邦政府,艾哈德入阁任经济部长

9 月 21 日　阿登纳政府宣誓就职，“占领法规”生效，“盟国高级专员委员会”成立

9 月 25 日　塔斯社(TASS)报道苏联爆炸原子弹成功

10 月 1 日　中华人民共和国成立

10 月 7 日　德意志民主共和国成立

10 月 25 日　联邦德国加入“欧洲经济合作组织”

10 月 27 日　中国与民主德国建交

11 月 11 日和次年 1 月 14 日　台湾当局“外交部”自动关闭设在汉堡和斯图加特两处领事馆，并于 1950 年 8 月 28 日结束驻柏林盟国对德管制委员会军事使团活动

12 月 3、5 两日　阿登纳接见《克利夫兰实话报》记者谈联邦共和国愿意承担“防务贡献”；次年 10 月联邦内政部长古斯塔夫·海涅曼因抗议重新武装而退出内阁

1950 年

2 月 1 日　阿登纳任命海因里希·福克尔(Heinrich Vockel)为负责柏林事务的特别代表

2 月 14 日　《中苏友好同盟互助条约》签订

3 月 7 日　阿登纳接见美国记者谈话，提出关于建立“欧洲政治联盟”的方案

3 月 22 日　联邦政府提出关于举行全德选举、召开全德制宪国民会议的建议

5 月 9 日　法国外交部长罗贝尔·舒曼提出关于建立煤钢联营的计划

6 月 25 日　朝鲜战争爆发

7月13日　联邦共和国加入欧洲理事会为准成员(次年5月2日起为正式成员)

8月　丘吉尔提议建立“欧洲军”,西德军队参加“欧洲军”,加入北约组织

10月20—22日　基民盟首届联邦代表大会在戈斯拉尔举行,阿登纳当选基民盟联邦主席,74岁

10月25日　中国人民志愿军抗美援朝出国参战;同日法国总理勒奈·普利文提“欧洲军”方案

12月16日　杜鲁门总统宣布美国处于紧急状态

12月21日　西方三国高级专员通知阿登纳同意联邦德国正式建军

1951年

3月6日　西方三国外长纽约会议决定修改占领法规;15日起联邦政府设立外交部,阿登纳兼任联邦外交部长至1955年6月6日止

4月10日　联邦议院通过《煤钢工业平等共同决定法》

4月18日　联邦总理阿登纳首次出国访问,赴巴黎参加《关于建立煤钢共同体条约》签字,该条约于次年7月25日起生效

7月9日—10月18日　西方三国先后分别宣布结束对德战争状态

9月27日　联邦政府提出关于举行在国际委员会监督下的全德选举的“十四点计划”;本届联合国大会将德国问题列入议程,并就此通过了相应的决议,但未能实行,联大此后不再讨论德国问题;同日阿登纳宣布联邦共和国对以色列和世界犹太人组织进行物质赔偿

(于次年9月10日就此签订《卢森堡协定》)

10月 丘吉尔重任英国首相

11月16日 联邦政府向联邦宪法法院起诉,要求取缔德国共产党

12月3—8日 阿登纳首次访问英国

1952年

3月10日 苏联向西方三国提关于德国重新统一的方案,即"斯大林照会"(Stalin-Note)

3月27日 "犹太游击队"试图用炸药行刺阿登纳未遂

5月16日 联邦议院通过"均衡负担法"

5月26日 "德国条约"在波恩签字,次日《关于建立欧洲防务集团的条约》在巴黎签字

5月 阿登纳同乔治·凯南谈苏中关系,说苏联"背后出现了未来同它争夺世界共产主义领导权的对手"即中国

7月19日 联邦议院通过《企业宪法》

8月20日 德国社会民主党主席库特·舒马赫(1895年10月13日生)去世

1953年

1月20日 德怀特·D.艾森豪威尔就任美国总统,杜勒斯任美国国务卿

3月5日 斯大林逝世

4月6—17日 联邦总理阿登纳首次访问美国

6月17日 东柏林及民主德国一些城市发生群众性闹事

7月1日 阿登纳宣布"实现重新统一的6点广泛紧急计划"

8 月 20 日　苏联试验氢弹成功

9 月 6 日　第二届联邦议院大选，联盟党获胜，阿登纳再次任联邦总理(77 岁)，于 10 月 20 日组成政府

1954 年

1 月 25—2 月 18 日　四大国柏林会议讨论德国问题、奥地利问题和欧洲安全问题

2 月 18 日　杜勒斯访问波恩，阿登纳与杜勒斯在会谈中就苏中关系问题交换看法

3 月 9—17 日　阿登纳对希腊进行国事访问，台湾地区驻希腊"大使"提出台湾希望同联邦共和国建交，阿登纳作了回避

7 月 6 日　阿登纳在联邦议院外交委员会讲话谈苏中关系，表示"德国只能观察"，"耐心等待事态的进展"

8 月 30 日　法国国民议会否决"关于建立欧洲防务集团的条约"

9 月 28—10 月 3 日　阿登纳出席伦敦九国外长会议，10 月 1 日在会议上宣布联邦共和国保证不生产原子、生物和化学武器

10 月 23 日　签署《巴黎协定》；德法两国就"萨尔法规"达成一致

1955 年

1 月 15 日　苏联最后一次提关于举行全德自由选举的方案

1 月 25 日　苏联宣布结束对德战争状态

2 月 13 日　阿登纳同威廉·施塔林格尔出席汉诺威公开集会，施塔林格尔在会上讲话谈中苏关系

4 月 7 日　中国第一届全国人民代表大会常务委员会第九次会议通过结束中德之间的战争状态

5 月 5 日　《巴黎协定》生效，联邦共和国成为主权国家，9 日联

邦共和国加入西欧联盟和北约组织

5月14日 《友好互助合作条约》签字

5月15日 《维也纳国家条约》在维也纳签字

6月2日 欧洲共同市场条约雏形“墨西拿决议”签字

6月7日 苏联邀请阿登纳访问莫斯科

7月18—23日 四大国政府首脑日内瓦会议讨论欧洲安全和德国问题、裁军及东西方之间的接触;10月27日—11月16日四大国外长日内瓦会议

7月27日 阿登纳指示联邦外交部长海因里希·冯·布伦塔诺注意收集定于8月1日在日内瓦开始举行的美中两国接触的有关情况

9月8—14日 阿登纳访问苏联,德苏建交,苏联允诺遣返德国战俘,赫鲁晓夫请求阿登纳“帮助”他“对付”中国

9月16日 《人民日报》在社论中表示认为中国和联邦德国之间建立正常关系的时机已经到来

9月20日 苏联和民主德国签订《国家和友好条约》(Staats-und Freundschaftsvertrag)

9月23日 宣布“哈尔斯坦主义”

10月23日 萨尔公民投票否决“萨尔法规”

12月5—30日 民主德国总理奥托·格罗提渥访华,两国签订友好合作条约

1956年

1月1日 联邦国防军首批士兵入营

1月30日 周恩来总理在中国人民政治协商会议第二届全国委

员会第二次全体会议上所作政治报告中表示，欢迎中国联邦德国关系正常化

2月　苏联共产党举行第二十次代表大会

6月28日　爆发波兹南事件

6月底　社会民主党联邦议院议员奥伦豪尔提出，要求联邦政府同中国签订贸易关系协定

7月7日　联邦议院通过“兵役法”

7月15日　阿登纳在和印度总理尼赫鲁会谈中谈中苏关系和中印关系，说中国是“专制”国家

7月—11月　苏伊士运河事件

8月17日　联邦宪法法院宣判在联邦共和国境内取缔德国共产党

10月3日　自由民主党联邦议院议会党团提议要求同中国进行接触和在北京建立常驻经济代表机构，联邦议院于12月6日就此提案进行辩论

10月—11月　发生“匈牙利事件”

11月6日　艾森豪威尔再次当选美国总统

1957年

1月1日　萨尔回归德国

1月22日　联邦议院通过“退休金改革法”

2月—4月　苏联总理布尔加宁同联邦总理阿登纳两次就德国问题交换信件

3月25日　在罗马签署《关于建立欧洲经济共同体和欧洲原子能联营的条约》，条约于次年1月1日起生效

4月4日　阿登纳向记者宣布主张用核武器装备联邦国防军

4月12日　18位原子物理学家发表“格廷根宣言”，抗议用核武器装备联邦国防军

7月4日　联邦议院通过《卡特尔法》

9月15日　第三届联邦议院大选，联盟党获得绝对多数票，阿登纳以近82岁高龄第三次任联邦总理

9月27日　德意志经济东方委员会与中国国际贸易促进会在北京签署贸易关系协定

10月4日　苏联首次发射人造地球卫星成功

10月29日　阿登纳第三届政府组成，艾哈德任联邦副总理兼经济部长

12月—次年1月底　布尔加宁开展“信件活动”

1958年

1月23日　前联邦部长托马斯·德勒和古斯塔夫·海涅曼在联邦议院辩论中抨击阿登纳的“德国政策失策”

3月7日及4月25—28日　阿登纳先后向苏联驻波恩大使斯米尔诺夫和来波恩访问的苏联副总理米高扬提给予民主德国以“奥地利地位”

6月1日　戴高乐重新上台，次年1月8日就任法兰西第五共和国总统

9月14—15日　阿登纳在科隆贝双教堂会晤戴高乐，会谈中向戴高乐介绍赫鲁晓夫表示“苏联害怕中国的发展”

11月27日　苏联政府就柏林问题照会西方三国政府——“柏林最后通牒”

1959 年

年初　拟订关于分阶段实现的德国重新统一方案，即“格洛布克计划”

2 月 24 日　联盟党提名艾哈德竞选联邦总统，消息发表后引起内政风波

4 月 7 日　阿登纳声明接受提名候选联邦总统，6 月 4 日宣布收回这个声明，内政风波加剧

5 月 11 日—6 月 20 日、7 月 13 日—8 月 5 日　四国外长日内瓦会议讨论柏林及对德和约问题

5 月 24 日　杜勒斯病逝

9 月 15—27 日　赫鲁晓夫访问美国，与艾森豪威尔举行“戴维营会谈”

1960 年

3 月 12—22 日　阿登纳作访问美日等国环球旅行

5 月 1 日　U-2 飞机事件，拟议召开的四大国政府首脑巴黎会议告吹

7 月 29—30 日　阿登纳与戴高乐在朗布伊埃会谈

9 月 7 日　民主德国人民议院（Volkskammer）通过决议设立国务委员会，瓦尔特·乌布利希（Walter Ulbricht）当选国务委员会主席

11 月 8 日　约翰·F.肯尼迪当选美国总统

1961 年

4 月 11—18 日　阿登纳访美，在同肯尼迪会谈中告诉肯尼迪：赫鲁晓夫承认“俄国在世界上面对两个敌手：美国和中国”

5月 美国破坏“日内瓦协议”，在越南南方发动“特种战争”，以后逐渐升级，形成以美军为主的局部战争

8月13日 柏林筑墙，阿登纳于22日抵西柏林

9月17日 第四届联邦议院大选，联盟党获胜，但失去绝对多数票

11月7日 阿登纳组成第四届联邦政府，时年已近86岁

12月9日 阿登纳在同戴高乐会谈中说“苏联有一天将会成为白色世界防御中国的护墙”

1962年

4月17日 共同市场六国外长巴黎会议磋商关于建立政治联盟的方案失败

6月6日 阿登纳向斯米尔诺夫提十年“城堡和平”方案

9月6日 阿登纳在同戴高乐会谈中表示深信中国“有一天可能成为人类最大的问题”

10月22—27日 古巴导弹危机

10月26日—11月30日 《明镜》周刊事件，自由民主党人部长退出政府，联邦国防部长弗兰茨-约瑟夫·施特劳斯下台

11月14—15日 阿登纳访美，向肯尼迪介绍“债务延期清偿协定”

12月7日 阿登纳宣布定于1963年秋辞去联邦总理职务；

13日 阿登纳组成第五届联邦政府

1963年

1月22日 阿登纳戴高乐在巴黎签署《法德合作条约》，该条约于7月2日起生效

3月7日 联邦德国同两国之间未建交的波兰签订贸易协定

4月22日　联盟党联邦议院议会党团主席团确定艾哈德为阿登纳总理的接班人

6月23—26日　肯尼迪对联邦德国进行国事访问，在西柏林发表讲话

7月4日　阿登纳在同戴高乐会谈中说他的“一个根本想法”是，中国的“压力从长远看将迫使苏联人同西方改善关系”

8月5日　美英苏禁止核武器试验条约在莫斯科签字；经阿登纳坚持要求美国同意并作出“特别声明”后，联邦政府于19日决定参加签署该条约

10月15日　阿登纳退职(3天后告别联邦总理府绍姆堡宫)；18日艾哈德就任联邦总理

11月22日　肯尼迪在达拉斯遇刺身亡，林登・B.约翰逊就任美国总统

1964年

1月27日　中法两国建交

3月14—17日　基民盟举行第十三届联邦代表大会，阿登纳再次当选基民盟联邦主席，88岁

5月—11月　联邦德国中国双方在伯尔尼进行接触，经过四次会谈，未取得成果

10月15日　赫鲁晓夫下台

10月16日　中国首次爆炸原子弹成功

1965年

2月10日　阿登纳接见《纽约时报》发行人苏兹贝格谈话，严厉抨击美国的政策

9月19日　第五届联邦议院大选，联盟党获胜；10月20日艾哈

德组阁成功

10 月 13 日 《阿登纳回忆录》首卷(1945—1953)出版;第二、三、四卷分别于 1966 年、1967 年和 1968 年问世

1966 年

3 月 21—23 日 基民盟第十四届联邦代表大会在波恩举行,艾哈德当选基民盟联邦主席,阿登纳当选基民盟名誉主席(90 岁);21 日阿登纳在代表大会上讲话中宣布“苏联人已进入要和平的各国人民的行列”

5 月 2—11 日 阿登纳访问以色列

11 月 30 日 联邦总理艾哈德退职

12 月 1 日 库特·格奥尔格·基辛格任联邦总理,组成“大联合政府”

1967 年

2 月 14—19 日 阿登纳访问西班牙,16 日在马德里文化会堂作题为“论欧洲和世界发展”的讲话;20 日阿登纳在回国途中路过巴黎同戴高乐作最后一次会谈

2 月底 阿登纳去慕尼黑参加“德国基金会”活动,生前最后一次发表公开讲话

3 月 13 日 阿登纳会见前美国副总统理查德·M.尼克松

4 月 3 日 阿登纳接见联邦总理基辛格

4 月 12 日下午 6 时 德新社报道阿登纳重病

4 月 19 日下午 1 时 21 分 阿登纳在勒恩多夫家中去世,享年 91 岁

4 月 25 日 为阿登纳举行国葬

参考文献

一、阿登纳著作和讲话

Konrad Adenauer：Erinnerungen 1945—1953，Stuttgart 1965

Konrad Adenauer：Erinnerungen 1953—1955，Stuttgart 1966

Konrad Adenauer：Erinnerungen 1955—1959，Stuttgart 1967

Konrad Adenauer：Erinnerungen 1959—1963. Fragmente，Stuttgart 1968

Konrad Adenauer Reden 1917—1967. Eine Auswahl，hrsg. von Hans-Peter Schwarz，Stuttgart 1975

Adenauer Rhöndorfer Ausgabe. Briefe 1949—1951，hrsg. von Rudolf Morsey und Hans-Peter Schwarz，Berlin 1985

Adenauer Rhöndorfer Ausgabe. Teegespräche 1950—1954，hrsg. von Rudolf Morsey und Hans-Peter Schwarz，Berlin 1984

二、专题论著

Ulrich Albrecht：Die Wiederaufrüstung der Bundesrepublik，Köln 1980

U. Albrecht，F. Deppe，J. Huffschmid u. a.：Geschichte der Bundesrepublik. Beiträge zu einer Geschichte der Bundesrepublik Deutschland，Köln 1979

Katarina E. Bader-Molnar：Konrad Adenauer. Als der Kanzler schwankte，Hohenloher Druck-und Verlagshaus Gerabronn und Crailsheim 1984

Arnulf Baring：Außenpolitik in Adenauers Kanzlerdemokratie，München-Wien 1967

Arnulf Baring：Im Anfang war Adenauer. Die Entstehung der Kanzlerdemokratie，München 1969

Josef Becker，Theo Stammen，Peter Waldmann（Hrsg.）：Vorgeschichte der Bundesrepublik Deutschland. Zwischen Kapitulation und Grundgesetz，München 1979

Herbert Blankenhorn：Verständnis und Verständigung. Blätter eines politischen Tagebuchs 1949—1979，Frankfurt/Main-Berlin-Wien 1980

Dieter Blumenwitz，Klaus Gotto u. a.（Hrsg.）：Konrad Adenauer und seine Zeit. Politik und Persönlichkeit des ersten Bundeskanzlers. Beiträge von Weg- und Zeitgenossen，Stuttgart 1976

Dieter Blumenwitz，Klaus Gotto u. a.（Hrsg.）：Konrad Adenauer und seine Zeit. Politik und Persönlichkeit des ersten Bundeskanzlers. Band II. Beiträge der Wissenschaft，Stuttgart 1976

Gerd Buccerius：Der Adenauer. Subjektive Beobachtung eines unbequemen Weggenossen，Hamburg 1976

Deutsche Verlags-Anstalt（Hrsg.）：Konrad Adenauer. Würdigung und Abschied，Stuttgart 1967

Klaus Dreher：Der Weg zum Kanzler. Adenauers Griff nach der Macht，

Düsseldorf und Wien 1972

Elisabeth Endres：Die Literatur der Adenauerzeit，München 1980

Bernt Engelmann：Wie wir wurden，was wir sind. Von der bedingungslosen Kapitulation bis zur unbedingten Wiederbewaffnung，München 1980

Bernt Engelmann：Wir sind wieder wer. Auf dem Weg ins Wirtschaftswunder，München 1981

Fischer Bücherei（Hrsg.）：Die Ära Adenauer. Einsichten und Ausblicke，Frankfurt am Main 1964

Walther Freisburger（Hrsg.）：Konrad，bleibst du jetzt zu Haus? Adenauer in der Karikatur，Oldenburg und Hamburg 1963

Walther Freisburger（Hrsg.）：Konrad sprach die Frau Mama ... Adenauer in der Karikatur，Oldenburg und Hamburg 1955

Klaus Gotto：Adenauers Deutschland- und Ostpolitik 1954—1963，München 1975

Wilhelm Grewe：Rückblenden 1951—1976. Aufzeichnungen eines Augenzeugen deutscher Außenpolitik von Adenauer bis Schmidt，Frankfurt/Main-Berlin-Wien 1979

William E. Griffith：Die Ostpolitik der Bundesrepublik Deutschland，Stuttgart 1981

Walter Henkels：Adenauers gesammelte Bosheiten. Eine anekdotische Nachlese，Düsseldorf und Wien 1983

Walter Henkels：Doktor Adenauers gesammelte Schwänke，Düsseldorf und Wien 1966

Frederik Hetmann：Konrad Adenauer，Hamburg 1984

Historisches Archiv der Stadt Köln（Hrsg.）：Konrad Adenauer. Seine

Zeit-Sein Werk，Köln 1976

Engelbert Hommel：Der Kölner Konrad Adenauer，Köln o.J.

Hans Klein：Ludwig Erhard，Berlin 1967

Helmut Kistler：Bundesdeutsche Geschichte. Die Entwicklung der Bundesrepublik Deutschland seit 1945，Bonn 1986

Peter Koch：Konrad Adenauer. Eine Politische Biographie，Reinbek bei Hamburg 1985

Otto Kopp：Adenauer. Eine biographische und politische Dokumentation，Stuttgart-Degerloch 1963

Daniels Krein：Konrad Adenauer nahe gesehen，Freiburg-Colmar-Paris 1968

Hans Kroll：Lebenserinnerungen eines Botschafters，Berlin 1967

Helmut Lindemann：Archiv der Zeitgeschichte. Konrad Adenauer，München-Bern-Wien 1965

Ernst Majonica：Bonn-Peking，Stuttgart 1971

Rudolf Morsey und Konrad Pepgen (Hrsg.)：Adenauer-Studien I，Mainz 1971

Rudolf Morsey und Konrad Pepgen (Hrsg.)：Adenauer-Studien III zur Ostpolitik und Biographie，Mainz 1974

Rudolf Morsey und Konrad Pepgen (Hrsg.)：Adenauer-Studien V. Adenauers letzte Kanzlerjahre—ein dokumentarischer Bericht，Mainz 1986

Rolf Osang：Ludwig Erhard. Ein Leben für den Wiederaufbau Deutschlands，München 1967

Rolf Osang：Ludwig Erhard. Sein Weg—Deutschlands Aufstieg，München 1965

Horst Osterheld，Terence Prittie und François Seydoux：Konrad Adenauer. Leben und Politik，Bonn 1975

Anneliese Poppinga：Konrad Adenaners Geschichtsverständnis，Weltanschauung und politische Praxis，Stuttgart 1975

Anneliese Poppinga：Meine Erinnerungen an Konrad Adenauer，Stuttgart 1970

Terence Prittie：Konrad Adenauer. Vier Epochen deutscher Geschichte，Stuttgart 1971

Franz Rodens：Konrad Adenauer. Der Mensch und Politik，München und Zürich 1963

Karlchen Schmitz：Meine Adenauer-Memoiren，München 1976

Georg Schröder：Konrad Adenauer. Eine Bilddokumentation，Gütersloch 1966

Hans-Peter Schwarz：Das außenpolitische Konzept Konrad Adenauers，München 1975

Hans-Peter Schwarz：Geschichte der Bundesrepublik Deutschland. Band II und III. Die Ära Adenauer 1949—1963，Stuttgart 1981 und 1983

Albert Speer：Spandauer Tagebücher，Frankfurt/Main-Berlin-Wien 1975

Hugo Stehkämper（Hrsg.）：Konrad Adenauer. Oberbürgermeister von Köln，Köln 1976

Stiftung Bundeskanzler-Adenauer-Haus（Hrsg.）：Konrad Adenauer. Dokumente aus vier Epochen deutscher Geschichte. Führer durch Ausstellung und Wohnhaus in Rhöndorf，Bad Honnef/Rhöndorf 1983

Rolf Wenzel：Konrad Adenauer und die Gestaltung der Wirtschaftsund Sozialordnung im Nachkriegsdeutschland. Ordnungs- vor-stellungen und politische Praxis，Flensburg 1983

Gösta v. Uexküll：Adenauer，Hamburg 1976

Paul Weymar：Konrad Adenauer，München 1955

Ingelore M. Winter：Der Unbekannte Adenauer，Düsseldorf und Köln 1976

三、其他资料

Arbeitsmaterial zur Geschichte der Bundesrepublik Deutschland，hrsg. von Max Buchheim，Hannover 1966

Die Mauer. August 1961. Zwölf Tage zwischen Krieg und Frieden，hrsg. von Jürgen Petschull，Hamburg 1981

Dr. Hans Globke. Aktenauszüge-Dokumente，hrsg. von Reinhard-M. Strecker，Hamburg 1961

Einigkeit und Recht und Freiheit. Westdeutsche Innenpolitik 1945—1955，hrsg. von Theo Stammen，München 1965

Globke und die Ausrottung der Juden. Über die verbrecherische Vergangenheit des Staatssekretärs im Amt des Bundeskanzlers Adenauer，hrsg. von Ausschuß für Deutsche Einheit，Berlin 1960

10 Jahre Bundesrepublik Deutschland 1949—1959，hrsg. von Presse- und Informationsamt der Bundesregierung，Wiesbaden 1959

Politische Zeittafel 1949—1979，hrsg. von Presse- und Informationsamt der Bundesregierung，Bonn 1981

Stenographische Sitzungsprotokolle des Bundesparteiausschusses der CDU，zusammengestellt von Archiv für “Stiftung Bundeskanzler-Adenauer-Haus”，Rhöndorf/Rhein

四、报刊文章

Adenauers Kampf gegen die russische Noten-Offensive，Hans-Peter Schwarz，DIE WELT，6.9.1986，S.6

Adenauer spürt die Flügel der Weltgeschichte，Hans-Peter Schwarz，DIE WELT，3.9.1986，S.6

Adenauer，Stalins Note und die deutsche Bewußtseinsspaltung，Wilhelm Grewe，DIE WELT，7.4.1986，S.6

Adenauer war kein Deutscher für alle Deutschen. Wurde die Wiedervereinigung verspielt? DIE ZEIT，Nr. 18.—25. April 1986，Leserbrief 23

"Es ist ein Wunder，daß ich überlebt habe"，Hans-Peter Schwarz，DIE WELT，1.9.1986，S.6

Stalin-Note 1952 war keine Chance，Heinrich Heinen，BONNER RUNDSCHAU，24.4.1986，Kommentar + Dialog

Umweltschützer Adenauer，DER SPIEGEL，Nr. 11，10.3.1986，S.98

《人民日报》，1955 年 9 月 16 日

大公报《人民手册(1956 年)》，第 248、371、392、393、615 页

图书在版编目(CIP)数据

阿登纳传/杨寿国著. —上海：上海人民出版社，2019
ISBN 978-7-208-13896-4

Ⅰ. ①阿… Ⅱ. ①杨… Ⅲ. ①阿登纳(1876-1967)-传记 Ⅳ. ①K835.167

中国版本图书馆 CIP 数据核字(2016)第 143000 号

责任编辑 范 晶
特约编辑 龚 权
装帧设计 范昊如 夏 雪等

阿登纳传
杨寿国 著

出　版 上海人民出版社
(200001 上海福建中路 193 号)
发　行 上海人民出版社发行中心
印　刷 上海商务联西印刷有限公司
开　本 890×1240 1/32
印　张 6.5
插　页 5
字　数 140,000
版　次 2019 年 3 月第 1 版
印　次 2019 年 3 月第 1 次印刷
ISBN 978-7-208-13896-4/K·2527
定　价 38.00 元